AF560993

SELBSTFINDUNG

Der Schlüssel zum eigenen Unterbewusstsein

Wie Sie mit effektiver Selbstreflexion und Psychologie Ihre eigene Persönlichkeit entschlüsseln und herausfinden was Sie wirklich wollen

INHALT

Analyse des Seins

Es ist ein verrücktes Leben: Man ist auf einmal geboren und dann fällt einem die ganze Last des Universums auf seine Schultern. Man hat ja nie darum gebeten, geboren zu werden, und trotzdem ist man gezwungen, mitzumachen. Der Mensch wird der Welt vorgestellt und dabei denkt er sich entweder ”Naja, es ist eine schöne Welt da draußen" oder "Tja, nicht so mein Ding". Und trotzdem ist das Leben ein Geschenk, das man nicht ablehnen kann. Also macht man am liebsten das Beste daraus. Eine Sache begleitet uns das ganze Leben lang – das ist unsere Persönlichkeit. Sie wird von einer Vielzahl von Faktoren beeinflusst.

Die Familie, unsere Freunde, unser engstes Umfeld – sie alle besitzen die Fähigkeit, die Persönlichkeit in einem frühen Stadium unseres Lebens zu formen. Viele Menschen sind der Meinung, der Charakter sei angeboren. Diese Aussage konnte bisher jedoch nicht bestätigt werden, wobei sich die Psychologen in einem Punkt einig sind: Das Temperament und die Grundpersönlichkeit eines Menschen werden bis zu 50 Prozent von den Genen bestimmt. Was die restlichen 50 Prozent betrifft, sind wir in der Lage, unsere Persönlichkeit und damit unser Leben nachhaltig zum Besseren zu wenden. Außerdem, so Psychologen, kann man erst ab einem Alter von mindestens 30 Jahren von einer ausgereiften Persönlichkeit sprechen. Und selbst danach ist es nicht gerade unmöglich, Änderungen vorzunehmen, um seine psychische Gesundheit zu fördern.

Verhaltenspsychologen gehen von der Auffassung aus, dass der Charakter eines Menschen von seinen Erfahrungen maßgeblich geprägt wird. Da der Mensch keinen Einfluss auf seine Erfahrungen nehmen kann, ist es in diesem Sinne ziemlich schwer, seinen Charakter im Handumdrehen zu verändern. Die Persönlichkeit hingegen sei das Ergebnis des Verhaltens. Unsere Gedanken werden unsere Worte und aus diesen werden wiederum Handlungen. Aus den eigenen Handlungen entstehen die Erfahrungen. Lernt man also, die eigenen Gedanken gezielt in die "richtige" Richtung zu lenken, kann man mit großartigen Leistungen in allen Lebenssphären rechnen. Jetzt ist die Frage: Welches Persönlichkeitsmerkmal würden Sie sich bestellen, wenn Sie die Chance hätten, eine Bestellung beim Universum aufzugeben? Glücklicherweise hat jeder Spieler im Spiel, das wir Leben nennen, einen Wunsch frei. Das Universum wird Ihnen diese Chance geben, wenn Sie um sie bitten würden. Jedoch hängt die Erfüllung Ihres Wunsches einzig und allein von Ihrem Willen, sich zu verändern, ab. Überlegen Sie sich also gut, was Ihnen im Leben wirklich fehlt - oder anders ausgedrückt - was Ihnen in Ihrer Seele fehlt. Denn diese Chance kommt nur einmal im Leben - lassen Sie sie lieber nicht ungenutzt vorübergehen!

WARUM DIE ANTWORTEN NICHT IMMER EINFACH SIND

Wer bin ich? Wo gehe ich hin? Was ist mein Lebensinhalt? Diese und weitere Fragen beschäftigen den Menschen seit der Dämmerung der menschlichen Geschichte. So einfach sie zu sein scheinen, besteht der ganze Sinn unseres Lebens in der Beantwortung dieser Fragen. Das ist keine Raketenwissenschaft und trotzdem verzweifeln viele an der nicht einfachen Aufgabe, ihrem Leben Sinn zu verleihen. Selbst die auf den ersten Blick "einfache" Antwort auf die "Frage nach dem Leben, dem Universum und dem ganzen Rest" - 42 - wirft viele weitere Fragen auf: Welchen Einfluss hat die Zahl 42 auf unser Leben? Was steckt hinter dieser mystischen Zahl? Wie erfahre ich die allgemeingültige Wahrheit hinter ihr? Das menschliche Wesen stellt sich mit keinen einfachen Antworten zufrieden. Sein Entdeckergeist ist immer wieder nach neuen Erkenntnissen und Lösungen bestrebt. Die Komplexität der Welt veranlasst uns dazu, sie immer weiter zu erkunden und ihre Geheimnisse durchdringen zu wollen. So interessant die Welt draußen auch sein mag, fasziniert nichts mehr als die innere Welt von jedem von uns. Und trotzdem hat man Angst vor dem, was man in sich finden könnte.

Manchmal sind es schreckliche Ungeheuer mit klaffenden Rachen, ein anderes Mal sind es himmlische Gärten des Lichts. Stellt man sich einmal seinen Ängsten, wird man unbesiegbar, denn die Welt in uns kann zwar unheimlicher, aber auch aufschlussreicher als die Welt um uns herum sein. Dennoch glauben die meisten Menschen, die Antworten auf die ewigen Fragen unseres Daseins in der äußeren Welt zu finden. Sie tendieren häufig dazu, sich und ihre Gefühle auf der Suche nach dem ultimativen Sinn zu vernachlässigen. Wenn sie dann in die Welt hinaus gehen, finden sie lediglich vorgetäuschte Halbwahrheiten vor, weswegen ihr Durst nach universellen Erkenntnissen nie wirklich gestillt werden kann.

Die äußere Welt ist uns bekannter als jene, die sich in uns befindet. Das Unbekannte weckt nicht nur Angst, sondern auch unsere Neugierde. Und genau darin besteht die Chance, mehr über sich selbst und die natürlichen Gesetze unserer Welt zu erfahren. Wenn man sich einmal auf die Reise ins Unbekannte begeben hat, kann es jahrelang, wenn nicht sogar lebenslang dauern, bis die Antworten an die Oberfläche kommen. Da alles im Universum aufeinander aufbaut, können diese Antworten nie einfach sein – außer man vereinfacht sie nach seinem menschlichen Verständnis. Und selbst dann ist der Mensch zu klein, um einen Blick hinter die Kulissen des Weltalls werfen zu können. Die menschliche Existenz ist auf keinen Fall von den Umständen der äußeren Welt befreit. Deshalb nehmen die existenziellen Antworten häufig Bezug auf die universelle Ordnung.

So kann man den Sinn seines Lebens nur schwer formulieren, ohne dabei Rücksicht auf äußere Gegebenheiten zu nehmen. Das eigene Leben und sein Sinn bleiben ständig in Abhängigkeit von der Existenz anderer Menschen. Fragt man einen durchschnittlichen Menschen, was der Sinn des Lebens ist, würde er wahrscheinlich so antworten: "Für mich ist der Sinn des Lebens, eine eigene Familie zu gründen". Fragt man einen anderen, entgegnet er: "Das einzige Wichtige im Leben ist es, glücklich zu sein". Damit ist meist eine glückliche Beziehung oder eine andere Form des Zusammenlebens gemeint. Soll das etwa heißen, dass man allein nicht glücklich sein kann? Natürlich nicht. Um den Menschen überhaupt verstehen zu können, muss man zuerst den Blick auf seine Beziehungen mit der Außenwelt lenken.

Alles im Universum ist miteinander verbunden

"Wir sind alle verbunden. Es gibt eigentlich keinen Ort, an dem du anfängst und ich aufhöre", meint die amerikanische spirituelle Lehrerin Marianne Williamson. Jeder Mensch hat Gefühle und kann mit ihrer Hilfe die äußere Welt wahrnehmen und eine Verbindung zu anderen Mitmenschen herstellen. Der Mensch ist kein Gefangener seines Körpers. Seine Existenz endet nicht an seiner physischen Wahrnehmbarkeit.

Die Energie, die wir in uns tragen, besitzt die Fähigkeit, in die äußere Welt zu gehen. Ein konkretes Beispiel hierfür wäre die telepathische Verbindung, die zwischen Menschen existiert. Ist es Ihnen schon einmal passiert, dass Sie an jemanden gedacht haben und in wenigen Minuten einen Anruf von derselben Person bekommen haben? Für diese besondere zwischenmenschliche Verbindung existiert sogar ein wissenschaftlicher Beweis: Der Herzschlag von Menschen, die eine starke Beziehung zueinander aufgebaut haben, synchronisiert sich, wenn sie liebevoll an den jeweils anderen denken.

Das menschliche Wesen steht nicht nur mit anderen Mitmenschen in Verbindung, sondern auch mit der Natur. Je mehr man die Natur versteht, desto besser kann man seine "innere Natur" begreifen. In diesem Sinne ist das Leben von jedem von uns ein Kreislauf: Der Mensch ist sein ganzes Leben lang auf die Gnade der Natur angewiesen. Selbst, wenn er aufhört, zu existieren, bleibt seine Einheit mit der Natur bestehen. Die

Natur selbst beruht auf einer perfekten, unzerstörbaren Balance der Energien. Nichts in der Natur steht für sich allein. Sie regeneriert sich durch die ständige Interaktion ihrer Bestandteile.

Das Gleiche gilt für den Menschen und die vielfältigen Beziehungen, die er mit anderen Mitmenschen eingeht. Der Mensch ist bekannterweise ein soziales Wesen. Der Kontakt, den wir zu anderen Menschen haben, hält uns gesund und erhält gleichzeitig die Balance der menschlichen Energien aufrecht.

Das Glück des Menschen hängt zu einem großen Teil von dem Erfolg seiner zwischenmenschlichen Beziehungen ab. Wenn einem der Aufbau einer tiefgehenden Beziehung gelungen ist, spricht man von der stärksten Art einer Beziehung – der spirituellen Verbindung. Kommt Ihnen dieses Gefühl bekannt vor? Sie haben neulich jemanden kennengelernt, der Ihnen nach kurzer Zeit ans Herz gewachsen ist. Sie kennen sich zwar nicht so gut, aber es fühlt sich so an, als ob Sie diese Person schon seit Ewigkeiten gekannt hätten. Das ist eines von vielen Zeichen, dass Sie eine spirituelle Verbindung zu diesem Menschen hergestellt haben. Die Beziehungen, die man zu seinen engen Mitmenschen pflegt, bestimmen zum großen Teil die Beziehung zu sich selbst. Das Verhalten, das sich gegenüber des jeweils anderen in einer zwischenmenschlichen Beziehung durchsetzt, bildet sich größtenteils zum Verhalten zu sich selbst heraus.

Der Mensch braucht ständige Bestätigung und Anerkennung, was auch immer er unternimmt. Wird man auch zu Unrecht unfair von anderen behandelt, vermittelt dies das Gefühl einer Minderwertigkeit. Man verspürt folglich das Bedürfnis, sich selbst für sein "Versagen" zu bestrafen. Meistens hat man sich so eine emotionale Misshandlung nicht verdient. Es kann sehr wohl sein, dass der andere lediglich ein Ventil für seine Unsicherheiten sucht. Solchen Menschen ist dabei häufig nicht bewusst, dass sie die Gefühle ihrer Mitmenschen durch ihr rücksichtloses

Verhalten verletzen. Sie fragen sich vielleicht, was der beste Abwehrmechanismus gegen ständige emotionale Misshandlung ist. Eine starke Persönlichkeit ist Ihre stärkste Waffe in jeder Lebenssituation! Wer sie besitzt, kann im Endeffekt von keinem heruntergezogen werden.

DIE WELT IN IHNEN

In jedem von uns steckt ein kleines Universum – unsere persönliche Natur. Schon bei der Geburt bekommt der Mensch dieses schönste Geschenk, das ihm das sonst raue Leben versüßt. Es finden sich keine zwei Menschen, die tief im Inneren gleich aussehen. In unserer Seele finden sich sowohl wundervolle Kreaturen als auch furchterregende Monster. Sie führen einen ständigen Krieg um Überlegenheit und es hängt nur vom Menschen ab, wer als Sieger hervorgehen wird.

Ihnen ist es bestimmt schon einmal passiert, dass Sie eine wichtige Entscheidung in Ihrem Leben treffen mussten und viel darüber nachgedacht haben, was die richtige Entscheidung sein könnte. Hatten Sie dabei etwa das Gefühl, dass ein Teufel und ein Engel auf Ihren Schultern gestanden und Ihnen gegenseitig ins Ohr geflüstert haben? Dann war das genau der Ausdruck von diesem erbitterten Krieg, der um die Kontrolle über Ihr Herz und Ihre Seele geführt wird. Je nachdem, wem wir öfter zuhören, ändert sich unsere Seelenlandschaft entsprechend. Sie haben sicherlich mehrmals den Spruch "Nur das Innere zählt" gehört. Wissen Sie aber wirklich, welcher Sinn hinter diesen weisen Worten steckt? Manchmal ist es nämlich so, dass der Teufel andere täuschen lässt, indem er durch das Äußere eines Menschen mit der Umwelt kommuniziert.

Auf dieser Welt gibt es eine Menge von Beispielen solcher Menschen, die von außen betrachtet wunderschön aussehen und fast wie die Sonne vor Schönheit strahlen, aber tief in sich drinnen böse Absichten verfolgen. In Ihrem Kopf tauchen wahrscheinlich gerade Bilder von

Politikern, Religionsführern oder sogar Topmodels auf. In Wirklichkeit aber kann das jede unbekannte Person sein, der Sie auf der Straße begegnen. Wir Menschen tendieren häufig dazu, uns von der äußeren Erscheinung anderer täuschen zu lassen. Dabei ist ein schönes Lächeln nicht unbedingt mit einem guten Herzen gleichzusetzen. Da wir aber nur Augen für das Äußere haben, fällt uns die Unterscheidung zwischen dem Guten und dem Bösen nicht besonders leicht. Deswegen müssen wir ein feines Gefühl dafür entwickeln, indem wir bei uns selbst beginnen. Wir müssen uns folgende Fragen stellen: Wer will ich sein? Auf welcher Seite stehe ich wirklich?

Bringt mir meine Einstellung zum Leben Glück und Zufriedenheit? Das sind ebenfalls Fragen, deren Antworten nie einfach sein können. Jedoch sollte man im Kopf behalten, dass die Kontrolle über die eigene Seele in der eigenen Hand liegt und sich die Antworten auf alle existenziellen Fragen im tiefsten Inneren des menschlichen Herzens befinden. Allerdings sind tiefe Wasser nicht still. Der Sturm der Gefühle kann jeden Abenteurer ins Nichts verwehen, wenn er nicht gut genug auf das Abenteuer ins Ungewisse vorbereitet ist. Eine gute Vorbereitung auf die Erkundung des Inneren beginnt immer mit einer Umstellung im Denken. Man muss die Art und Weise, wie man sich selbst, seine Mitmenschen und die Welt um sich herum begreift, grundsätzlich überdenken. Dann, wenn Klarheit im Kopf geschafft wurde, muss dem Herzen das Gleiche widerfahren, sonst kann ein Kopf, der unabhängig vom Herzen agiert, mehr Schaden als Nutzen anrichten. Er ist dann nicht mehr fähig, die Stärke im sozialen Zusammensein zu erkennen. Dabei sind die anderen kein Gegenpol zum eigenen Ich, ganz im Gegenteil – je besser wir andere verstehen, desto näher kommen wir an das Wesen der menschlichen Natur.

Sie und die anderen, wir und die anderen

Der Mensch braucht seine Mitmenschen, um überleben zu können.

In unserem Alltag sind wir von vielen Menschen abhängig – von unserer Familie, von dem Partner oder auch von dem eigenen Chef. Wofür interessiert sich der Mensch vor allem? Für andere Menschen, natürlich! Ist Ihnen eigentlich schon einmal aufgefallen, wie schnell Ihre Stimmung sinkt, wenn Ihre Lieblingsmenschen nicht dabei sind? Das liegt daran, dass man nicht nur materiell, sondern auch emotional von anderen Menschen abhängig ist. Das bedeutet, dass der Mensch nicht allein für sich steht. Er ist immer in einem Verhältnis zu "den anderen" unterwegs. Wir finden uns in den Beziehungen mit unseren Mitmenschen wieder. Sie stellen für uns eine wichtige Orientierungshilfe dar – unser Charakter formt sich größtenteils entlang der Beziehungen, die wir mit anderen eingehen.

Die Gemeinschaft, die das eigene Ich mit seinen Gleichgesinnten bildet, vermittelt dem Einzelnen das Zusammengehörigkeitsgefühl, nach dem er sich so sehr sehnt. In diesem Sinne wird das Ich erst durch die Beziehung zu dem anderen ermöglicht – seine Existenz ist mit der Koexistenz des anderen eng verbunden. Jedoch trägt die Formung einer solidarischen Gesellschaft mehr oder weniger zu einer Abgrenzung zu anderen Gesellschaften bei. So entsteht die weitverbreitete "Ich-und-die-anderen"- beziehungsweise "Wir-und-die-anderen"-Mentalität, die zum einen sinnstiftend wirkt, zum anderen aber die Balance der menschlichen Energien gefährdet.

Diese Abgrenzung verleiht der eigenen Gruppe zwar Einzigartigkeit, aber sie verhindert gleichzeitig die Bereicherung der Gesellschaft mit weiterer Energie. Jeder will sich von dem anderen unterscheiden und gleichzeitig suchen wir nach Gemeinsamkeiten mit dem Rest der Welt. Wir haben Angst davor, von der Gesellschaft wegen unserer Verschiedenheit ausgeschlossen zu werden, wollen aber zugleich unser Gesicht nicht verlieren. Wie kann man also den goldenen Mittelweg zwischen Zusammengehörigkeit und Einzigartigkeit finden? Die Erkenntnis, dass der andere einen großen Teil des eigenen Ichs ausmacht, ist schon ein guter Anfang. Man muss erkennen, dass die Essenz der menschlichen Natur in jedem menschlichen Wesen vorhanden ist. Man wählt seine engsten Mitmenschen nach dem Ähnlichkeitsprinzip aus – je mehr wir mit einem anderen Menschen gemeinsam haben, desto näher lassen wir diesen an uns kommen.

Sich selbst kennenzulernen, ist viel schwieriger, als jemand anderen kennenzulernen. Die Menschen, mit denen wir uns umgeben, sagen viel über die eigene Persönlichkeit aus. Manchmal sieht es so aus, als ob das Schicksal zwei Menschen zusammengebracht hat. Das ist nicht selten der Fall, jedoch wählen wir unsere Herzensmenschen aktiv aus. Manchmal bewundern wir sogar andere Menschen für die guten persönlichen Fähigkeiten, die wir selbst nicht besitzen. Fragen Sie einmal einen engen Freund von Ihnen, "Hey, Mensch, wir kennen uns schon seit einer Ewigkeit. Kannst du mir sagen, was für ein Typ ich bin?". Ein guter Freund würde Ihnen niemals die Wahrheit ersparen, so unangenehm sie auch sein mag. Keiner kennt uns so gut wie unsere Familie und unsere Freunde. Und selbst sie kennen die tiefsten Geheimnisse unserer Seele nicht. Nicht zuletzt ist man selbst sein eigener bester Freund. Stellen Sie sich also öfter selbst solche Fragen und… wer weiß, vielleicht kommen Sie bald auf die richtige Spur. Es ist ja nur ein Mythos, dass Neugier der Katze Tod ist.

Ein langer Weg

Wie würde eine Welt aussehen, in der wir alles bekommen könnten, ohne uns jegliche Mühe geben zu müssen? Dann wäre der ganze Spaß plötzlich vorbei. Einen Tag ohne Hemmnisse und Hindernisse gibt es doch nicht. Und selbst wenn es ihn gäbe, wäre er mehr als sinnlos. Denn sich auf die Couch zu setzen, die Beine zu überschlagen und den Tag ausklingen zu lassen, ohne das große Ziel des Tages erreicht zu haben, das sieht nur noch nach einer Zeitverschwendung aus. Dabei haben wir alle Zeit der Welt nicht. Uns stehen gut achtzig Jahre zur Verfügung, um einen Weg aus dem Labyrinth namens "Leben" zu finden – und diese Zeit dieses charmanten Umherirrens nebenbei gelassen zu genießen. Jeder von uns steckt in einem persönlichen Lebenslabyrinth und muss einen anderen Weg gehen, um den Ausgang zu finden.

Auf unserem Weg schließen wir Freundschaften, gründen Familien und wachsen vor allem als Persönlichkeiten. Am Ende dieses weiten Weges kommen wir letztendlich zur wichtigsten Erkenntnis überhaupt: Nun wissen wir, wer wir sind und was unser Lebenszweck ist. Erst dann bekommt das scheinbar nutzlose Umherirren im Labyrinth des Lebens einen Sinn – diese Welt kann keine Marionetten ohne Gesichter gebrauchen. Um für sich selbst und die anderen nützlich zu sein, müssen wir uns selbst im Tiefsten gut kennen.

Nur dann werden wir mit dem Gefühl erfüllt, wertvoll für diese Welt zu sein und eine wichtige Rolle in ihr zu spielen. Der Weg der Selbstfindung ist der härteste Weg, den man gehen könnte. Und trotzdem ist er der Einzige, auf den es sich lohnt, sich zu begeben. Das wahre Leben bleibt uns nämlich solange verborgen, bis wir das Leben in uns selbst endlich entdeckt haben.

"WENN DIR DAS LEBEN EINE ZITRONE GIBT"

Wer mag schon Zitronen? Sie sind so sauer, dass sie keinem menschlichen Geschmack so wirklich entsprechen könnten. Selbst Kinder müssen ihr Gesicht verziehen, wenn sie an einer Zitrone lutschen. Trotzdem mag es der Opa, ein paar Tropfen Zitronensaft in den heißen Kräutertee zu geben, und die Neffen freuen sich jedes Mal, wenn der Onkel einmal wieder eine Tüte voll Sour Patch Kids aus den USA mitgebracht hat.

Obwohl Zitronen generell eher unbeliebte Früchte sind, hat sich ihr Konsum im Alltag eingebürgert, sodass er heutzutage sogar als Teil jeder gesunden Ernährung gilt. Wie ist es dazu gekommen, dass man Zitronen trotz ihres unangenehmen Geschmacks tagtäglich in verschiedensten Formen konsumiert? Man hat einfach eingesehen, dass das Leben nicht nur süß sein darf, um gut schmecken zu können.

Das Leben ist eine Geschmacksexplosion – jeder Geschmack hebt den anderen hervor und vervollständigt ihn. Manchmal fühlen wir uns vom Schicksal betrogen. Wir wissen, dass wir viel wert sind und dass wir nur das Beste im Leben verdienen. Und trotzdem weigert sich das Universum, uns all das zu geben, was wir uns so hart erkämpft haben. Wir wissen zwar nicht, was später in unserem Leben passieren wird, aber wir sind uns bei einer Sache ganz sicher: Wir sind alle arme Leidende, die der Willkür einer unsichtbaren Kraft ausgesetzt sind.

Unabhängig von diesem kläglichen Bild im Kopf sieht die Wirklichkeit aber anders aus. Und zwar stellt jeder Tag eine neue Möglichkeit dar und genau damit sind wir mehr als überfordert – mit der unendlichen Anzahl an Möglichkeiten. "Wer will ich heute sein?", "Was ziehe ich an?",

"Sage ich „Hallo“ oder „Guten Tag“ zu den Kollegen, wenn ich später ins Büro komme?". ...Das Gute daran? Das Leben wird nie grau. Wir können beim Umgang mit anderen Menschen zwischen verschiedenen Persönlichkeiten wählen. Und trotzdem können wir nicht ewig von unserem Selbst davonrennen. Stellen Sie sich vor, Sie sind ein erwachsener und pflichtbewusster Mensch, der viele Freunde hat. Sie schätzen Ihre Fähigkeit, angemessene Ratschläge zu geben und in schwierigen Situationen die Kontrolle zu übernehmen. Doch Sie glauben, Sie wären viel zu ernst und Ihre Freunde hätten so gut wie nie in Ihrer Gesellschaft Spaß, obwohl sie Sie häufig von dem Gegenteil zu überzeugen versuchen. Nehmen wir einmal an, sie sind einfach zu nett und wollen Ihre Gefühle nicht verletzen. Sie empfinden Sie also tatsächlich als zurückhaltend und ernsthaft. Sie tun ihnen unendlich leid und deswegen haben sie Sie auch in ihren Freundeskreis aufgenommen – damit Sie in ihrer Gemeinschaft ein Ventil für Ihre Trockenheit finden können.

In Wirklichkeit hätten sich Ihre Freunde längst bei Ihnen gemeldet, wenn etwas mit Ihrem Verhalten in der Gruppe nicht stimmen sollte. Selbst, wenn Sie bei anderen Menschen ernst herüberkommen sollten, ist das für Sie nicht von Nachteil, ganz im Gegenteil: Die anderen wissen, dass sie sich auf Sie verlassen können, wenn etwas schiefgeht. Ernst zu sein bedeutet nicht unbedingt, keinen Humor zu haben – ein ernsthafter Mensch weiß, wann er lachen und wann er lieber ein Auge zudrücken und das Problem selbst in die Hand nehmen sollte.

Manche Menschen werden Sie dafür lieben, andere werden diese Eigenschaft verabscheuen. Unabhängig davon müssen Sie sich selbst Gedanken darüber machen, ob Sie diese Eigenschaft an sich schätzen oder eher nicht. Wenn ja, dann machen Sie von ihr ausgiebigen Gebrauch! Wenn nein, dann unternehmen Sie jetzt schon kleine Schritte in die entgegengesetzte Richtung und Sie werden sehen, was für eine große

Wirkung solche kleinen Maßnahmen haben können! So oder so wurden wir alle mit einem bestimmten Set an Eigenschaften und Fähigkeiten geboren, die wir entweder als Fluch oder Segen sehen. Eigentlich handelt es sich hierbei eher um eine Gabe, die uns das ganze Leben lang dienen soll. Es gibt keine zwei gleichen Menschen, die auf dieser Erde leben – genauso wie keine zwei vollkommen gleichen Tropfen Wasser existieren.

In vielen Fällen bauen wir sogar aufeinander. Was wir als persönliche Schwächen betrachten, könnten andere äußerst hilfreich finden. So denken die meisten Menschen zum Beispiel, dass es sehr lieb ist, wenn man sich in die Lage des anderen hineinversetzen und sich einfühlen kann, weil dies ihnen selbst sehr schwerfällt. In diesem Sinne ist ein Herz für andere und ihr Schicksal zu haben kein Zeichen von Schwäche, sondern vielmehr eine "edle Tugend", die Sie die Welt mit anderen Augen sehen lässt. Im Gegensatz dazu kann keiner sagen, dass er stolz darauf ist, geizig zu sein. Jedoch kann man eine Eigenschaft, sei sie generell als positiv oder als negativ in der Gesellschaft wahrgenommen, immer von zwei Seiten betrachten.

Wer auf seinen Geldbeutel mehr als der durchschnittliche Mensch aufpasst, kann innerhalb kurzer Zeit mehr Geld sparen als jemand, der vergleichsweise weniger aufmerksam damit umgeht. Viele Menschen wünschen sich sogar, sie könnten vernünftiger werden und auf jeden Cent achten. Ihnen fehlen jedoch Eigenschaften wie Geduld und ein starker Wille, weswegen solche Menschen häufiger in finanzielle Schwierigkeiten geraten und langsamer als andere "Vermögen aufbauen". Dagegen erscheint der Vorwurf, geizig zu sein, eher nichtig. Haben Sie schon einmal darüber nachgedacht, welche Eigenschaften Sie bei anderen Menschen bewundern? Ist es die Warmherzigkeit Ihrer Mutter, der Mut Ihres kleinen Bruders oder die Treue Ihres besten Freundes? Wenn Sie Ihre nahen Menschen fragen würden, was sie an Ihnen lieben, würden wahrscheinlich Antworten wie "Dein wunderschönes Lächeln", "Deine liebe Art" oder sogar "Deine unbeschreibliche Kraft" kommen.

Manchmal können die anderen das Außergewöhnliche in uns sehen, bevor wir selbst die Augen für den eigenen Wert geöffnet haben. Jeder von uns hat eine gute und eine "weniger" gute Seite. Ganz am Anfang unserer Entwicklung steht vor uns eine leere Leinwand – das ist unsere Seele. Je nachdem, welche Entscheidungen wir im Leben treffen, wählen wir die Farben, mit denen wir unser einzigartiges Gemälde malen werden – Rot für die Liebe, Gelb für das Glück, Blau für die Traurigkeit... Jeder lästige Makel lässt sich in ein persönliches Talent umwandeln, doch wir wissen alle, wie schwer es ist, Farbe von einer schneeweißen Wand zu entfernen. Deswegen ist es von höchster Wichtigkeit, unsere Gedanken vor dem Bösen in der Welt zu schützen, denn sie werden die Realität in uns selbst. Man muss letztendlich eine Sache zugeben: Im Gegensatz zu der äußeren Welt ist jene in unserem tiefsten Inneren noch zu retten und wir haben das ganze Potenzial in uns, um dies verwirklichen zu können.

Die Gedanken - meine treuesten Freunde

Wer seine Gedanken ändern kann, kann auch sich selbst ändern. Können Sie sich an Situationen erinnern, in denen Sie von Ihren eigenen Gedanken gerettet worden sind? Denken Sie einmal an Ihre Schulzeit. Als wir noch klein und jung waren, hatten wir alle so eine so große Angst davor, vor dem Lehrer im Unterricht drangenommen zu werden, obwohl wir eigentlich fast immer die richtige Antwort gewusst haben. Worin diese Angst bestand, wussten wir selbst nicht: War es die Angst vor dem Versagen, die Angst vor einer öffentlichen Blamage oder einfach nur die Angst, nicht gut genug zu sein? Es kann sogar sein, dass wir uns damals vor allen drei Aspekten gefürchtet haben – und ganz ehrlich – es gibt keinen Menschen, der diese Ängste nicht kennt.

Unabhängig davon, ob unsere Angst gerechtfertigt war oder nicht, haben wir uns ihr früher oder später gestellt, weil wir nicht zurückbleiben und mit dem Fortschritt der Gruppe Schritt halten wollten. Also haben wir zu uns selbst gesagt: "Hör auf damit! Es gibt keinen Grund zur Angst. Die Welt wird nicht untergehen, wenn du dich mal von allein im Unterricht melden würdest.". Und? Was ist daraus nun geworden? Nicht nur wurden wir beim Elternabend vom Lehrer für unseren Mut gelobt, sondern wir haben auch noch bessere Noten im Halbjahreszeugnis bekommen. Und so haben wir gelernt, dass man zuerst seine Gedanken ändern muss, um einen Unterschied in seinem Leben bewirken zu können. Unabhängig davon, ob Sie ähnliche Erfahrungen mit dem Thema in einem anderen Kontext gemacht haben, kann man eines nicht leugnen: Jede große Revolution beginnt erst einmal im eigenen Kopf. Nicht viel anders sieht es bei der Selbstfindung aus. So kann man ein bisschen mit den Gedanken spielen, um das perfekte Szenario für sich selbst zu finden. Was können Sie zum Beispiel mit der folgenden Situation anfangen: Sie befinden sich in einem fremden Land und haben weder Geld noch Zugang zu Ihrem Bankkonto und müssen selbst Sorge für Ihr Überleben im Ausland tragen.

Sie wissen nicht, wie es dazu gekommen ist, aber Sie wissen, dass Sie jetzt handeln müssen, wenn Sie nicht verhungern und ohne Dach über dem Kopf bleiben wollen. Welche von Ihren Fähigkeiten werden Sie im "Spiel" einsetzen? Oder stellen Sie sich Folgendes vor: Sie dürfen sich auf eine Zeitreise begeben, unter der Bedingung, dass Sie in die Vergangenheit zurückgehen und Ihrem 10-jährigen Ich erzählen müssen, was aus Ihnen mehrere Jahre später geworden ist. Was werden Sie ihm erzählen, um ihm Hoffnung auf eine vielversprechende Zukunft zu geben? Sie werden ihm natürlich die lästigen Details ersparen und lieber nichts davon erzählen, wie Sie jeden Tag acht Stunden im Büro verbringen müssen, um Ihre Familie umsorgen und die besten Voraussetzungen für die gesunde Entwicklung Ihrer Kinder schaffen zu können.

Stattdessen können Sie ihm von seinem verwirklichten Traum erzählen – naja, Sie haben es zwar vielleicht nicht so weit gebracht im Leben und müssen Ihr Kind von damals leider enttäuschen, indem Sie ihm sagen, dass es in ein paar Jahren kein Astronaut werden wird.

Wischen Sie seine kläglichen Tränen ab und versichern Sie ihm, dass es trotzdem seinen Traum leben wird. Hey, schließlich ist der Beruf des Landesanwalts nicht weniger spannend als der von Judge Judy. Sie müssen das 10-jährige Kind soweit es geht davon überzeugen, dass es vor einem Leben voller Wunder steht und dass es nur noch ein wenig Geduld haben muss, bevor es in die Welt der Erwachsenen eintauchen darf. Man sagt allerdings, dass man in der Not erfinderisch wird.

Was würden Sie denn machen, wenn Sie eines Tages aufwachen und feststellen würden, dass die Welt über Nacht von einer furchtbaren Katastrophe heimgesucht worden ist und Sie einer der wenigen Überlebenden sind? Auf einmal sind alle Zeichen der Zivilisation auf den Grund des Meeres gesunken – es gibt keine Einkaufszentren und keine Eisdielen und viel Geld zu haben, bringt auch nichts mehr. Eine wirklich gewordene apokalyptische Vision eben. Jetzt kommt es mehr als je zuvor auf die Zusammenarbeit aller (überlebenden) Menschen an. Wie werden Sie zum Wiederaufbau der Zivilisation beitragen? Hierbei zählen alle Ihre besonderen Fähigkeiten wie das Erzählen von Witzen und das Walzertanzen leider nicht. Sie müssen Ihre richtigen Skills heraushauen und die Ärmel hochkrempeln. Werden Sie Häuser bauen, Eisen schmieden oder den Gruppengeist aufrechterhalten?

In solch einer kritischen Situation sind Ihre persönlichen Fähigkeiten gefragt, die für die Gesellschaft nützlich sein könnten – das sind genau diejenigen, die Sie als Persönlichkeit ausmachen. Was können Sie sich hingegen auf keinen Fall vorstellen, zu machen? Keiner mag so wirklich die harten Aufgaben, aber sie müssen immer noch erledigt werden. Was steht so ganz oben auf Ihrer "Auf-gar-keinen-Fall-Liste"? – Arzt, Bestatter oder vielleicht sogar Gärtner? Sie kennen Ihre Fähigkeiten besser als jeder andere und können so selbst entscheiden, welche Form Ihre wahre Berufung im Leben annehmen darf und welche eher nicht.

Tatsächlich vermag unser Denkmechanismus viel mehr über uns auszusagen, als wir ahnen. Mit den Gedanken kann man ohne Ende spielen und sich selbst dabei von anderen Seiten kennenlernen, von deren Existenz man früher nichts wusste. Stellen Sie sich zum Beispiel die Frage: „Was würde ich machen, wenn ich im Lotto hundert Millionen Euro gewinnen würde und deswegen bis zum Ende meines Lebens nicht mehr arbeiten müsste?". Natürlich werden Sie zuerst für die Erfüllung aller Ihrer Träume sorgen. Was kommt aber danach, wenn Sie nichts mehr wirklich nötig haben? Womit werden Sie dann Ihre Tage verbringen, was wird Ihnen ungezwungenes Glück und echte Zufriedenheit bringen? Diese und solche Fragen erscheinen auf den ersten Blick einfach und vielleicht sogar albern.

Lassen Sie sich aber nicht täuschen – das sind dieselben Fragen, die den Kern unserer Existenz bilden, nur in "leichte Sprache" übersetzt. Auf einmal ist es nicht mehr so schwer, die Antworten auf diese Fragen zu finden, oder? Je öfter wir ins wundervolle Reich der Gedanken eintauchen, desto näher kommen wir der Wahrheit über unser Leben. Die Welt um uns herum wird uns nur selten die Antworten auf die großen Fragen verraten, wenn wir nicht schlau genug sind, zuerst in uns selbst zu schauen. Es gibt keine einfachen Antworten und es existiert definitiv nicht die eine "richtige" Art und Weise, wie man denken sollte. Es gibt jedoch eine einzige "richtige" Weise, sich selbst zu finden und zu leben – sie besteht nämlich in der Auseinandersetzung mit dem Ich. Nun folgt auf dieses ausführliche Gespräch mit sich selbst das eigentliche Geschäft, denn schöne Gedanken allein reichen nicht aus, um das wahre Ich im verwirrenden Labyrinth namens "Leben" finden zu können. Es ist höchste Zeit, zu handeln.

ZEIT ZUM HANDELN

Ohne Taten bleiben selbst die schönsten Worte meist leer. Die Ideen, die im Kopf entstehen, müssen ihre Verwirklichung in unserem aktiven Handeln finden – sonst laufen wir Gefahr, dass unsere innersten Hoffnungen und Träume zunichte gemacht werden. Ein Moment der Nachlässigkeit könnte dann teuer werden. Wenn wir aber die volle Verantwortung für unsere Ziele übernehmen und in Richtung ihrer Erreichung arbeiten, maximieren sich die Chancen auf Erfolg. Im Fernsehen sehen wir häufig die Wandlungsgeschichten vor Augen, die von den unglaublichen Transformationen willensschwacher Menschen erzählen. Auffällig übergewichtige Menschen, die deutlich mehr als die empfohlene tägliche Kalorienmenge zu sich nehmen, werden von einem berühmten TV-Produzenten angerufen, bekommen einen Personal Trainer "geschenkt" und nehmen wie durch ein Wunder bis zu hundert Kilo in einem halben Jahr ab. Ein Wahnsinn, oder? In Wirklichkeit haben solche Menschen mit doppelten Schwierigkeiten zu kämpfen: Einerseits müssen sie sich selbst besiegen, andererseits sind sie vor die überschwere Aufgabe gestellt, ihrer Krankheit Auge in Auge gegenüberzutreten.

Sie bekommen in der Tat so gut wie nichts auf dem Silbertablett serviert – im eigentlichen und übertragenen Sinne. Die verblüffenden Ergebnisse dieser Transformationen, denen wir immer so skeptisch gegenüberstehen, sind die Ergebnisse eines wilden Kampfes mit sich selbst – sie wurden mit einer erheblichen Menge an Blut, Schweiß und Tränen errungen. Solch einen Kampf hat jeder von uns in seinem Leben zu führen. Manchen fällt das leichter als anderen – dafür fallen die Ergebnisse am Ende aber nicht unbedingt gleich groß aus. Je mehr wir uns bemühen, desto näher dürfen wir der Wahrheit über uns selbst kommen. Wenn wir uns nicht trauen, unsere Gedanken in die Wirklichkeit umzusetzen, werden diese nie die Grenzen der eigenen vier Wände im Kopf passieren. Schritt für Schritt kommt man auch ans Ziel – und genau deswegen dürfen wir uns vom Zweifel nicht aufhalten lassen.

Jede Idee, die man erfolgreich verwirklicht hat, bringt uns ein Stück weiter – manchmal ist das mehr als genug, um zu wissen, dass man sich in die richtige Richtung fortbewegt. Fangen Sie damit an: Schauen Sie über den Tellerrand hinaus und finden Sie neue Inspirationen überall um sich herum. Probieren Sie etwas aus, das Sie normalerweise nie machen würden. Machen Sie einmal genau das Gegenteil. Fahren Sie gerne im Urlaub ins Gebirge, könnten Sie diesmal den Urlaub an der See verbringen. Entscheiden Sie sich beim Herumbummeln in der Buchhandlung für ein Buch, das Sie sonst nie kaufen würden. Bereiten Sie am Freitagabend eine Speise für Ihre Familie zu, die Sie mit ihr zusammen ausprobieren wollen. Gehen Sie einmal in den Park spazieren, wenn Sie normalerweise das Einkaufszentrum zu diesem Zweck bevorzugen würden.

Die Liste geht weiter und weiter – wichtig ist jedoch, dass Sie aus Ihrer gewohnten Komfortzone herauskommen und offen für neue "gesunde" Ideen werden. So dehnen sich auch die Grenzen Ihrer Wahrnehmung und Ihrer Kreativität aus. So können Sie Ihre Präferenzen und Vorlieben besser kennenlernen und viel Neues über sich nebenbei erfahren. Manchmal unterscheidet sich unser Selbstbild stark von dem Bild, das andere Menschen über uns im Kopf haben. Wir neigen außerdem häufig dazu, uns selbst und unsere einzigartigen Fähigkeiten zu unterschätzen. Wir denken, wir hätten keine besonderen Eigenschaften und könnten deswegen nie wirklich aus der riesengroßen Menschenmenge hervorstechen. In Wirklichkeit ist unser Selbstbild sehr stark von fremden Erwartungen und Wünschen geprägt, die wir dringend loswerden müssen. Es handelt sich hierbei um die Vorstellungen, die unsere nahen Familienmitglieder über uns haben.

Sie sind ein Abbild ihres eigenen Ehrgeizes, das auf uns projiziert wird und das deswegen nur selten seinem Wesen nach objektiv ist. Deswegen sollten wir uns vielmehr nach jenem richten, was unsere Freunde und gute Bekannte über uns zu sagen haben. Fragen Sie einmal einen engen Freund, was Sie gut können und was Sie nicht so gut können. Unsere Freunde sind meist die Menschen, die nichts außer bedingungslose Liebe und Unterstützung von uns erwarten und sich deswegen ein klares Bild von unseren guten und weniger guten Seiten machen können. Sie sind außerdem die Menschen, die uns am häufigsten auf die Reise zu uns selbst begleiten werden. Selbst unsere Freundeswahl sagt schon viel über unsere Fähigkeiten, oder besser gesagt über unseren Mangel an einigen von ihnen, aus – denn meist wählen wir genau diejenigen Menschen als unsere Freunde, deren Fähigkeiten wir selbst bewundern, aber leider nicht persönlich besitzen. Nicht nur unsere Bekannten können uns auf diese Art und Weise bereichern – wir müssen ständig neue Bekanntschaften schließen, um nicht an derselben Stelle stecken zu bleiben.

Jeder neue Mensch in unserem Leben bringt neue Ziele, Ambitionen und frische Ideen mit sich, wenn er Teil unseres Alltags wird. Vielleicht werden Sie Ihre eigenen Träume in ihren Lebenszielen wiedererkennen, nachdem Sie sich die Zeit genommen haben, sie im Detail kennenzulernen. Wer weiß, vielleicht sind Sie doch nicht der Einzige, der davon träumt, den Grand Canyon eines Tages zu besuchen. Zu guter Letzt müssen Sie die hohe Kunst der Entspannung erlernen. Noch keinem ist gelungen, sich selbst zu finden, während er sich von Hektik und Lärm umgeben ließ. Das ist dasselbe, als wenn man gleich vor dem Ausgehen bemerken würde, dass man seinen Hausschlüssel nicht mehr findet – man wird ihn auch nicht finden, bevor man sich beruhigt hat und wieder klar denken kann. Deswegen: Finden Sie einen Platz, wo Sie sich wirklich wohlfühlen – sei es die Couch, der Gartenstuhl oder der Boden im Wohnzimmer. Atmen Sie ein, atmen Sie aus und vergessen Sie dabei nicht, auf Ihren Körper, Ihre Sinne und Ihre Umgebung zu achten.

So werden sich Ihr Körper und Ihr Geist beruhigen, damit Sie schnell wieder bei sich selbst ankommen können. Diesen Zustand sollten Sie auch in Ihren Alltag mitnehmen, denn je achtsamer Sie im Alltag werden, desto leichter können Sie an Ihr wahres Ich kommen. Schritt für Schritt, Tag für Tag werden Sie sich ein Stück besser kennenlernen. Mit dem Fortschritt werden aber auch gleichzeitig die Schwierigkeiten auf Ihrem Weg zur Selbstfindung wachsen – das ist ein Zeichen dafür, dass Sie bald zu Ihrem Ziel gelangen werden. Lassen Sie sich von solchen Kleinigkeiten nicht entmutigen und achten Sie auf den Preis, der Ihnen zusteht – weil Sie es verdienen, zu wissen, wer Sie wirklich sind!

"Die Schwierigkeiten wachsen, je näher man dem Ziele kommt"

Wie gewonnen, so zerronnen – nichts ist in diesem Leben umsonst, nur der Tod, allerdings kostet er das Leben. Wer nicht kämpft, kann nicht gewinnen. Wer kämpft, muss alles geben, sonst nimmt er nichts. Und tatsächlich ist jeder Tag unseres Lebens Teil des großen Überlebenskampfes, in dem nur diejenigen untergehen werden, die die Lebendigkeit der Seele für sich nicht entdecken. Tag für Tag werden neue Ziele gesetzt und Routen geändert – all das mit dem Ziel, schneller und einfacher ans endgültige Ziel – die Selbstfindung – zu kommen.

Das Leben ist aber nicht von gestern und lässt sich nicht so leicht betrügen, wenn überhaupt. In Wirklichkeit trägt jeder sein Kreuz und muss deswegen seinen Weg allein gehen. Keiner hat mit denselben Herausforderungen zu kämpfen und keiner kann sich wirklich in die Lage des anderen hineinversetzen, weil wir alle gegen unsere eigenen Dämonen kämpfen. Können Sie sich noch an die Zeiten erinnern, als wir damals so klein und naiv waren und dachten, wir müssten doch alle perfekt sein? Wir konnten nicht einsehen, dass wir auf unsere eigene Weise besonders und einzigartig waren und wollten immer so sein wie die anderen. Wir wussten zwar nicht, dass sogar die beliebtesten Kinder in der Schule mit ihren eigenen Unsicherheiten zu kämpfen hatten – so dachte zum Beispiel das schöne Mädchen mit den stechend blauen Augen und den langen blonden Haaren, das die ganze Schule bewunderte, nicht klug genug zu sein, und weinte sich deswegen jede Nacht heimlich in den Schlaf.

Ihre Unsicherheit war aber nicht zu bemerken – nicht einmal an ihrer schüchternen Redeweise im Unterricht. Und so waren wir alle davon überzeugt, dass dieses kleine Mädchen das allgegenwärtige Ideal verkörperte – blaue Augen, blonde Haare, nettes Lächeln... Jeder wusste den Namen des Mädchens, doch keiner wusste etwas von dem wilden Schmerz, der sich Tag für Tag mehr und mehr vergrößerte. Trotzdem hat jedes Mädchen damals stundenlang vor dem Spiegel gesessen und sich gefragt, wieso es nicht genauso wie die Schöne aus der Schule aussieht. Einen Monat später wurden alle Schulmädchen zu Make-up-Künstlerinnen – keiner konnte sie voneinander unterscheiden und trotzdem sahen sie dem schönen Mädchen mit den blonden Haaren in keiner Weise ähnlich. Dabei musste es gar nicht versuchen, sich schön zu machen – es hatte seine eigenen Sorgen.

Nur augenscheinlich haben andere Menschen ein perfektes Leben und genau deswegen sollten wir uns auf uns selbst konzentrieren – denn wir verfehlen unser eigenes Ziel, indem wir versuchen, die Schritte anderer Menschen zu gehen. Egal, wie wir uns bemühen und anstrengen, wir können unserem eigenen Schicksal nicht entgehen. Auf unserem Weg zur Selbstfindung werden wir verschiedene Hürden antreffen, die dafür bestimmt sind, unser Potenzial aufblühen zu lassen und uns auf künftige Herausforderungen vorzubereiten. So haben zum Beispiel viele Menschen das Problem, dass sie bereits vieles ausprobiert und trotzdem keinen Ausweg aus dem "Wer-bin-ich-Dilemma" gefunden haben. Haben Sie das gleiche Problem? Dann sollten Sie vielleicht doch "größer" denken. Im Leben eines jeden Menschen sind drei "Spezialbereiche" für die Persönlichkeitsentfaltung entscheidend – die Bereiche seiner Vorlieben, seiner Fähigkeiten und seiner "Besonderheiten".

Alles, was man liebt, gehört zum Bereich der Vorlieben und alles, was man gut kann, zum Bereich der Fähigkeiten. Schließlich wird alles, was man zur Verbesserung der Welt beitragen kann, zum Bereich der eigenen "Besonderheiten" gezählt – das sind die Dinge, die die Welt am meisten braucht und die wir ihr geben können. Holen Sie sich einen Stift und einen Zettel und zeichnen Sie drei ineinandergreifende Kreise. Geben Sie jedem Kreis einen Namen, der den verschiedenen Spezialbereichen entsprechen sollte, und tragen Sie in jeden Kreis die Begriffe ein, die Ihnen als Erstes in den Sinn kommen.

Der kleine Ausschnitt in der Mitte, in dem die drei Bereiche zusammenkommen, bildet den vierten und wichtigsten Spezialbereich – das ist der Bereich der Lebensberufung. Deswegen ist es sinnvoll, den Fokus Ihrer mentalen Kraft auf diese "goldene Mitte" zu legen. Manchmal kann es auch passieren, dass Sie so viele Träume und Wünsche haben, sodass Sie sich für eine einzige Sache nicht entscheiden können. An dieser Stelle werden Sie wahrscheinlich an Menschen, wie beispielsweise Ihre Arbeitskollegin, erinnert, die ihr ganzes Leben ihren Träumen gewidmet haben. Ihre Kollegin wollte schon immer weltberühmte Klavierspielerin werden und hat bereits ernsthafte Schritte zur Verwirklichung ihres

Traums unternommen.

Die Geschichte von ihrem Star-Werdegang haben Sie nicht nur einmal, sondern zweimal vom Anfang bis zum Ende gehört – wie sie mit fünf Jahren angefangen hat, Klavierunterricht zu nehmen und wie sie es mit fünfzehn Jahren in die Landesoper geschafft hat. Sie wiederum können sich immer noch nicht entscheiden, ob Sie mit Aquarellfarben malen lernen oder fortgeschrittener Alpenskifahrer werden wollen. Außerdem verlieren Sie häufig die Begeisterung für die Dinge, für die Sie früher gebrannt haben. Machen Sie sich deswegen keine Sorgen – das ist völlig normal. Was Sie wirklich brauchen, ist ein guter Plan – Sie müssen nichts aufgeben, was Sie fasziniert, nur weil es Sie von den anderen "spannenden" Dingen ablenkt, die Sie unbedingt noch ausprobieren wollen. Wenn Sie sich auf eine Sache nicht konzentrieren können, sollten Sie, so weit wie möglich, in die Zukunft planen: "Womit werde ich meine Samstagnachmittage in drei Monaten verbringen?", "Was will ich mir selbst als Nächstes beibringen?", "Welche neuen Skills will ich nächsten Monat lernen?"... Diese und weitere Fragen beschäftigen jeden Besitzer eines vollen Kopfes – Sie wollen nämlich alles und, wenn möglich, bitte perfekt können. Nur, weil Sie vielseitig interessiert sind, heißt das nicht unbedingt, dass Sie keine bestimmte Lebensberufung haben oder dass Sie sie nie finden werden.

Wenn die Zeit kommt, werden Sie alle Antworten erreichen, die Sie interessieren. Sie müssen nur sicherstellen, dass Sie im Hier und Jetzt genügend Mühen aufwenden, um selbst der Wahrheit auf die Spur zu kommen. Denn wer nach Antworten sucht, wird sie finden. Und wenn die Antworten endlich in Ihr Leben gekommen sind, werden Sie es einfach nicht glauben, dass Sie so lange Zeit gelebt haben, ohne sich selbst gekannt zu haben. Viele Menschen gehen kreuz und quer durchs Leben, ohne sich jemals darüber bewusst zu werden, dass sie dabei etwas

Großes verpassen. Wir wollen Großartiges erreichen, ohne zuerst die "Basics" im Leben für uns entdeckt zu haben. Das Leben hat aber andere Pläne - und das werden wir alle früher oder später zu erfahren bekommen.

DAS GLÜCKLICHE LEBEN

Die meisten von uns träumen von erfolgreichen Karrieren, glücklichen Familien, großen Häusern im Wilden Westen... Doch keinem ist wirklich bewusst, was hinter diesen großen Worten steht: Das Glück – ein kleiner Stern, der mitten in den Tag fällt. Was würden wir nicht alles geben, um seinen süßen Geschmack einmal am Gaumen zu kosten. Und tatsächlich richten wir alles in unserem Leben nach diesem kleinen Wörtchen mit großer Bedeutung - die Einrichtung zuhause muss stimmen, damit wir uns in unserer persönlichen Burg wohlfühlen, und die Menschen, die wir an uns heranlassen, müssen uns im Nu in gute Stimmung versetzen können. Kennen Sie schon die lustige Geschichte, die John Lennon zugerechnet wird und von einem aufschlussreichen Vorfall aus seiner Schulzeit erzählt? Er wurde mit sechs Jahren in der Schule gefragt, was er werden möchte, wenn er einmal groß ist.

Auf die Frage, die ihm von seiner Lehrerin gestellt wurde, hat er folgenderweise geantwortet: "Ich möchte glücklich werden". Daraufhin ist die Lehrerin stutzig geworden und hat ihm erwidert, er habe ihre Frage falsch verstanden. Doch er wusste – nicht er, sondern seine Lehrerin hat etwas falsch verstanden. Tatsächlich verfehlen viele Menschen den Sinn des Lebens, indem sie sich in falsche Rollen begeben, anstatt in sich hineinzuschauen und ihr wahres Ich zu finden. Schließlich sind wir nur augenscheinlich Anwälte, Ärzte, Kauffrauen... In Wirklichkeit sind wir einfach Thomas, Karl und Stefanie, die alle etwas gemeinsam haben – das menschliche Streben nach Glück. Wir sind nicht nur die Menschen, die diese Welt braucht, wir sind auch die Menschen, die wir heute sind. Die meisten von uns können einfach nicht fassen, dass wir nicht auf dieser Erde sind, nur um zu arbeiten, zu atmen und schließlich zu sterben.

Die wichtigste Mission in unserem Leben besteht nicht darin, uns mit Reichtum zu umgeben und glänzende Trophäen auf unserem Errungenschaftsregal zu sammeln. Vielmehr sind wir vor die nicht einfache Aufgabe gestellt, uns selbst im Meer der unzähligen Möglichkeiten zu finden – mit dieser sind wir nämlich unser ganzes Leben lang beschäftigt, ganz gleich, ob wir das bemerken oder nicht. So oder so findet man sich selbst früher oder später und erst dann wird einem klar, was man im Leben machen muss. Das werden Sie auch für sich selbst herausfinden. Genauer gesagt: Sie müssen gar nichts tun, außer einzuatmen, auszuatmen und die Welt in sich und um sich herum zu genießen. "Müssen" ist ein Ding von gestern. Das Leben ist zwar eine Schule, in der das Misslingen lehrt, aber das heißt noch lange nicht, dass Sie den ganzen Tag an den Hausaufgaben sitzen, Referate vorbereiten und unnötige Informationen für bevorstehende Klausuren lernen müssen.

Die Situationen, in die wir täglich geraten, erteilen uns wertvollere Lehren als jeder andere Schullehrer. Genauso wie damals, als wir noch leichtsinnige Kinder waren und dachten, die Welt würde sich um uns drehen und jeder würde uns nur das Gute wünschen. Dann wurden wir zum ersten Mal von den Menschen, die wir früher unsere besten Freunde nannten, betrogen. Erst, nachdem sie uns ein Messer in den Rücken gerammt hatten, haben wir verstanden, dass wir uns auf niemanden verlassen können – nur auf uns selbst. Weil wir unsere eigenen besten Freunde sind und niemand diesen Platz in unserem Leben wirklich ersetzen kann.

So ist es nun einmal im Leben – nach dem Regen scheint die Sonne und nach jeder Enttäuschung kommt die Erleuchtung. Wer aber den harten Weg zur Selbstfindung bis zum Ende gegangen ist, darf ein neues Leben genießen, in dem er keine Betrübnis kennen wird. Halten Sie im Kampf mit sich selbst durch, werden Sie als Gewinner daraus herausgehen – Sie werden den perfekten Einklang mit Ihrer Seele finden. Ihre Lebensqualität wird in die Höhe ragen, denn auf einmal werden Sie sich keine unnötigen Sorgen mehr um die Dinge, die Sie nicht ändern können, machen. Und genau dahinter steckt die feine Philosophie des Lebens: "Ändere dich selbst, dann verändert sich die Welt". Ab jenem Tag, an dem Sie auf Ihr wahres Ich treffen, werden diese und viele andere Wahrheiten für Sie sichtbar.

Und nicht nur das – der Schleier vieler Scheinwahrheiten wird fallen, damit die ultimative Botschaft des Universums Ihre Augen und Ohren (und nicht zuletzt Ihr Herz) erreichen kann: Man lebt mit und für sich selbst, alles andere ist vergänglich. Andere Menschen können uns lediglich dabei helfen, unser wahres Ich zu finden. Die schönen Momente, die wir mit unseren Lieblingsmenschen geteilt haben, sind eine Feier für die Seele. Und trotzdem sind wir diejenigen, die unsere Seele rund um die Uhr mit wertvollen Gedanken versorgen und so am Leben halten. Menschen, die Ihr eigenes Ich bereits entdeckt haben, sind leicht zu erkennen: Das sind dieselben Menschen, die den Raum erhellen, wenn sie ihn betreten. Das sind die Menschen, die wir auf der Straße sehen und ihnen hinterherblicken, ohne einen wirklichen Grund dafür zu haben. Und das sind ganz sicher diejenigen Menschen, die selbst viel um die Ohren haben, aber andere liebevoll anlächeln und ihnen mit nur drei Worten Mut geben können: "Du schaffst das!". Solch ein Mensch können Sie auch werden. Sie können ein bärenstarkes Selbstbewusstsein aufbauen, das Sie auch ausstrahlen werden. Andere Menschen werden Sie dafür bewundern und Sie fragen, wie Sie das gemacht haben.

Und dann werden Sie ihnen nachdenklich lächelnd antworten:

"Ich habe ein ganzes Leben gebraucht, um über Nacht erfolgreich zu werden". Damit werden Sie nicht etwa Ihren durchschnittlichen Job, Ihr jahrelang gespartes Vermögen oder Ihr neu erworbenes Auto meinen, sondern den ausgewogenen Menschen, zu dem sie geworden sind. Ihre neu entdeckte Persönlichkeit wird nur die Menschen in ihr Leben anziehen, von denen Sie wirklich profitieren können und die Sie bereichern werden. Jetzt ist Schluss mit trüben Gedanken, toxischen Menschen und kontraproduktivem Selbstzweifel. Von nun an werden Ihnen nur noch die pure Lebensfreude, die bedingungslose Selbstliebe und das ungezwungene Glück auf Schritt und Tritt folgen. Sie müssen nur wissen, wie Sie sie in Ihr Leben einladen können. Sie denken kurz nach und entsinnen sich wie aus dem Schlaf gerissen: "Eigentlich stecken schon alle Antworten in mir".

Sie werden nicht noch einmal nachdenken müssen. Sie werden alles wissen. Sie werden glücklich sein – und all das nur mit einem Blick in die andere Richtung. Und vergessen Sie nicht: Es existiert nichts außerhalb der eigenen Realität, nicht einmal eine andere Realität – oder zumindest nicht Ihre eigene. Leben Sie deshalb für sich selbst, bevor es zu spät dafür wird.

Die schönste Liebe

Hier eine der wichtigsten Fragen überhaupt vorweg: Gibt es in Ihrem Leben Menschen, die Ihnen so wichtig sind, dass Sie sich für sie opfern würden? Wenn ja – wer sind diese Menschen? Sind es geliebte Familienangehörige, enge Freunde oder alte Bekannte? Und warum steht Ihr Name nicht ganz oben auf dieser imaginären Liste? Wir verbrauchen so viel Energie damit, anderen Menschen unsere Liebe und Aufmerksamkeit zu zeigen, dass wir uns selbst dabei ganz oft vernachlässigen.

Manchmal kommt es uns so vor, als ob wir nicht das zurückbekommen würden, was wir selbst geben. In Wirklichkeit machen wir unser Glück oft absichtlich von anderen Menschen abhängig. Wir fürchten uns vor der Liebe, die in uns wohnt – sie ist so groß, dass sie für die ganze Welt genug wäre. So sehr wir die großen und prachtvollen Dinge im Leben auch lieben, könnten wir es uns nie vorstellen, all diese Liebe für uns selbst zu behalten. "Viel zu viel ist schließlich nie gut", denken wir uns. Und wir haben natürlich recht damit – es wäre egoistisch, all diese Liebe nicht in die Welt gehen zu lassen. Gibt es aber wirklich jemanden, der unsere Liebe mehr verdient als wir selbst? Wer war von Anfang an für Sie da? Waren Ihre Freunde und Ihre Familie immer bei Ihnen, wenn Sie sich in schwierigen oder gar unangenehmen Situationen befunden haben? Natürlich nicht – die Zeiten, in denen die Mutti alles geregelt hat, wenn man Streit in der Schule hatte, liegen weit zurück. Heute sind wir erwachsene Menschen und wir müssen lernen, mit unseren Emotionen richtig und gerecht umzugehen.

Denn wer sich selbst nicht liebt, wird nie einen anderen Menschen lieben können. Die Liebe wollen wir auf keinen Fall aus Nachlässigkeit aus unserem Leben vertreiben, ganz im Gegenteil – wir wollen sie behalten und sie mit unseren liebsten Menschen teilen. Bis das aber passiert, müssen wir zuerst lernen, wie wir die Liebe in uns selbst finden. Dann dürften wir schon ein ganz großes Stück für uns selbst behalten. Weil das keiner mehr verdient als wir selbst. Weil wir einfach nur Menschen sind. Weil die Selbstliebe die schönste Liebe ist.

SIE, NUR SIE ALLEIN

Es ist kein Verbrechen, sich selbst zu lieben. Sie und Ihr inneres Ich haben zusammen so viel durchgemacht, dass man sagen könnte, Sie sind ja beste Freunde. Oder Sie kennen sich zumindest seit so vielen Jahren, dass man sich das schon vorstellen kann.

Diese spezielle Verbindung zwischen Ihnen und Ihrem inneren Ich kann aber nicht jeder verstehen. Dafür denken die meisten, Sie seien egoistisch und selbstverliebt. Lassen Sie sie denken, was sie wollen – Sie wissen ja, solche Menschen werden nie das erleben, was Sie gerade tief in Ihrem Herzen spüren können: Das angenehm kitzelnde Gefühl der Vollkommenheit. Sie sind stolz auf sich selbst und Sie haben einen guten Grund dafür. An Ihrer Stelle wären viele Menschen verzweifelt, verfallen, hätten aufgegeben... Und tatsächlich fragen sich alle verwundert: "Woher kommt diese unmenschliche Kraft, die scheinbar sogar Berge versetzen kann?".

Sie wiederum sehen sich selbst nicht als ein Übermensch, sondern als jemand, der alle Seiten an seiner Persönlichkeit kennt und liebt. Dieses hohe Selbstkenntnisniveau zu erreichen, ist sicherlich keine Raketenwissenschaft, doch es fällt vielen schwer, das zu vollbringen, was Sie ohnehin schon hinter sich haben. Ja, das ist leider die traurige Wahrheit – die Selbstliebe ist das hohe Gut, das sich nicht ein jeder leisten kann (oder will). Der eigene Wert bleibt für das ungeübte Auge unsichtbar und so ist man gezwungen, ein Leben im Schatten der großartigen Leistungen anderer zu führen. Heutzutage ist es nicht mehr selbstverständlich, stolz auf die eigenen Erfolge zu sein. Dies ist eine ungeschriebene Regel, die uns vom unerschütterlichen System der Welt, in der wir leben, auferlegt worden ist – nichts ist mehr gut, groß oder glänzend genug. Stolz auf die kleinen Erfolge des Tages zu sein, ist in dieser Welt, die von den großen Dingen besessen ist, eine ganze kleine Revolution.

Denken Sie einmal darüber nach: Wie viele Menschen würden an einem Freitagabend zuhause bleiben, um an der Weiterentwicklung eines neuen Projektes für die Arbeit zu arbeiten? Wie viele Menschen würden bevorzugen, einem Freund, statt sich selbst zu helfen? Wie viele Menschen würden den harten Weg gehen, statt den leichten Weg zu wählen? Die Entscheidungen, die wir jeden Tag treffen, stellen uns vor die Wahl zwischen dem Guten und dem Bösen. So ausgedrückt erscheint es nicht besonders schwer, die richtige Entscheidung zu treffen. Im echten Leben ist jedoch nichts mit Etiketten wie "das Gute" und "das Böse" versehen, ganz im Gegenteil – sehr oft kommen wir in Versuchung, uns für das Böse zu entscheiden. Es kommt uns so herrlich vor, dass es gar nicht böse sein kann. Und trotzdem treffen Sie jedes Mal die richtige Entscheidung – Sie wissen ganz genau, wie aus Erfahrung, was gut und was böse ist. Warum können Sie denn alles besser als die anderen? Vielleicht weil Sie nie allein waren.

Denken Sie kurz an alle unangenehmen Momente in Ihrem bisherigen Leben zurück: Wie haben Sie es damals durchgestanden, als Sie Ihr Chef angeschrien hat, weil er mit jenem White Paper nicht zufrieden war, an dem Sie die ganze Nacht vor seiner Veröffentlichung gesessen sind? Warum sind Sie damals nicht wie ein kleines Kind in Tränen ausgebrochen? Sie wissen doch, wie hart Sie daran gearbeitet und wie viel Mühe das Sie gekostet hat. Warum haben Sie nicht gleich gekündigt? Das war eine wirkliche Erniedrigung, wenn nicht sogar ein richtiger Schlag auf den Hinterkopf! Ja, das ist richtig – weil Sie größer sind als jede Herausforderung, die auf Ihrem Weg kommt.

Und das kann nicht jeder über sich selbst sagen. Sehr häufig tendieren wir aber dazu, uns mit anderen Menschen und ihren Erfolgen zu vergleichen. Wir messen unsere eigenen Erfolge und nicht selten auch unseren Selbstwert an dem, was andere schon vor uns vollbracht haben.

Dabei ist uns meist nicht klar, dass der Sinn unserer einzigartigen Persönlichkeit verloren gehen würde, wenn wir uns ständig an den anderen statt an uns selbst messen würden. Wenn das Universum gewollt hätte, dass wir alle gleich auf die Herausforderungen in unserem Leben reagieren, wären wir alle mit den gleichen Stärken und Fähigkeiten geschaffen.

Wie wir aber sehen können, ist die Welt ein bunter Garten – kein Mensch ist wie der andere und genau deswegen fehlt uns hier nichts. Genauso, wie alle anderen, leisten wir einen eindeutigen Beitrag zur Gesellschaft, in der wir leben. Als ein wichtiger Teil dieser Gesellschaft haben auch Sie einen Grund, sich besonders zu fühlen – alles, was Sie können, kann kein anderer oder besser ausgedrückt: Keiner kann das so gut wie Sie und deswegen sind Sie durch keinen anderen Menschen zu ersetzen. Was ist also der Sinn, uns mit den anderen zu vergleichen, wenn wir uns ohnehin nur in dem verbessern können, was wir bereits gut können? Keiner ist wie Sie und genau das ist Ihre Stärke! Selbst die Tatsache, dass Sie gerade hier, unter uns, sind, sagt viel über Ihre unglaubliche Ausdauerfähigkeit aus. Vieles von dem, was Sie bereits hinter sich haben, ist etwas, wovon nicht wenige Menschen nur träumen können.

Ein Universitätszeugnis, einen stabilen Job, eine glückliche und gesunde Familie – all das hat wohl nicht jeder. In diesem Sinne dürfen Sie sich schon wie ein Auserwählter fühlen. Ganz egal, was die anderen über

Sie sagen würden: Ein bisschen Egoismus ist nicht nur gesund, sondern auch durchaus erwünscht. Hören Sie also auf keinen, der Sie des Narzissmus bezichtigen will. Fühlen Sie sich stattdessen bitte frei, das Bild im Spiegel vor dem Ausgehen zu küssen und sich selbst ab und zu kleine Geschenke ohne besonderen Anlass zu machen.

Wenn Sie sich selbst keine Liebe und Aufmerksamkeit schenken, wird das auch kein anderer für Sie tun. Loben Sie sich selbst bei jeder gegebenen Gelegenheit - wenn Sie das Geschirr endlich abgewaschen haben, nachdem Sie das um Stunden und Tage verschoben hatten, wenn Sie zum zweiten Mal diese Woche freiwillig Überstunden gemacht haben, wenn Sie den Tag mal wieder überlebt haben... In Ihrem Leben werden Sie keinen einzigen Menschen finden, der immer zu hundert Prozent mit Ihnen und Ihren persönlichen Erfolgen zufrieden sein wird. Das muss auch kein Mensch – jedoch tragen Sie selbst die Verantwortung dafür, sich selbst zufriedenzustellen. Dafür müssen Sie keine Berge versetzen – es lohnt sich auch, dies nur zu versuchen. Denn wer nie etwas versucht, dem erscheint alles unmöglich. Aber ganz sicher kennen Sie das Wort "unmöglich" nicht - und deswegen kann Ihnen keiner das selbstbewusste Lächeln vom Gesicht wischen. Das gut bewahrte Geheimnis des Universums kennen Sie auch noch: Solange Sie sich selbst haben, haben Sie ein Leben lang jemanden, der Sie bedingungslos liebt.

Eine kleine Verwöhnung

Wann war das letzte Mal, als Sie aufgewacht sind und zu sich selbst gesagt haben: "Heute wird ein toller Tag"? Wann war das letzte Mal, als Sie sich beim Frühstück Zeit genommen haben, einen Saft aus frischen Orangen auszupressen, Spiegeleier zu braten, sich an den Frühstückstisch zu setzen und Ihr kleines kulinarisches Kunststück mit allen Sinnen zu genießen? Haben Sie zwischendurch Zeit dafür, in der Morgenzeitung oder gar in einer Special-Interest-Zeitschrift zu blättern, ohne dass Sie alle zwei Minuten auf die Uhr gucken müssen?

Es scheint so, als wenn wir heutzutage nur noch selten Zeit für die kleinen Freuden im Leben haben, wenn überhaupt – die Uhr tickt und wir können sie nicht anhalten. Alles ist heute wichtiger als unser Wohlbefinden – der Erfolg des neuen Werbekonzepts, die Produktvorstellung auf der Pressekonferenz, der wachsende Umsatz der Abteilung... Wenn wir für uns selbst nicht sorgen, wird es auch kein anderer machen. Wenn die Welt so hart uns gegenüber ist, haben wir keine andere Wahl, als sanft zu uns selbst zu sein. Manchmal haben wir das Gefühl, diese Welt würde uns schlechter behandeln, als wir es verdient haben.

Wir sind fleißige, tüchtige, ehrgeizige Menschen – täglich widmen wir acht Stunden dem Gemeinwohl der Gesellschaft, obwohl wir uns auch für andere Beschäftigungen entscheiden könnten. Wer will schon ein Drittel seines Tages damit verbringen, im Büro herum zu hocken, statt etwas Sinnvolles für sich selbst zu machen? Wir sind ja schließlich keine Sklaven unserer eigenen Gesellschaft. Und trotzdem ist die Welt so beschaffen, dass sie auf unsere nette Hilfe angewiesen ist, um überhaupt funktionieren zu können.

Das bedeutet jedenfalls nicht, dass wir alles in unserem Leben nach dem, was diese Welt von uns will, ausrichten müssen. Wir haben unsere eigenen Bedürfnisse, die manchmal wichtiger als die Bedürfnisse des Kollektivs ausfallen können. Jeder von uns hat die wichtige Aufgabe, seine eigene Seele vor der Eitelkeit dieser Welt zu schützen. Die Dinge, die uns auf den ersten Blick so wichtig erscheinen – eine feste Einnahmequelle, ein eigenes Sparvermögen, eine vielversprechende Zukunft – sind in Wirklichkeit all das, was uns von der Gesellschaft der Eitelkeit vorgeschrieben wird und was wir nicht unbedingt brauchen, um vollwertige Menschen zu sein. Die Pflege für unsere Seele ist hingegen die wichtigste Aufgabe jedes Tages.

Kennen Sie etwa solche Menschen, die von außen betrachtet wie die Sonne strahlen, aber umso kälter werden, je besser man sie kennenlernt? Leider haben solche Menschen, die nur noch ihre äußere Erscheinung pflegen, den eigentlichen Sinn der Schönheit verfehlt. Schön zu sein bedeutet nicht, ein angenehm wirkendes Gesicht oder ein weißes Lächeln zu haben, sondern vielmehr, ein Mensch zu sein, der das Gute aus anderen Menschen herausholen kann. Und das kann nur dann passieren, wenn wir zuerst gut zu uns selbst werden.

Doch was bedeutet es, gut zu sich selbst zu sein? Heißt das, dass man kleine Zettel mit netten Botschaften an sich selbst an den Spiegel kleben muss oder dass man ab und an auf Dates mit sich selbst gehen sollte? Ja und nein – an erster Stelle bedeutet das, für sein eigenes Wohlbefinden sorgen zu können. Dafür ist manchmal nichts anderes als eine kleine Geste der Selbstliebe notwendig. Stellen Sie sich die folgende Situation vor: Sie kommen um 17 Uhr an einem Freitagabend von der Arbeit nach Hause. Der Chef hat Ihnen einmal wieder einen Haufen Arbeit gegeben, den Sie über das Wochenende schaffen müssen. Sie wollen deshalb so früh wie möglich damit beginnen.

Naja, wenn Sie nur nicht so müde wären. Sie wünschen sich, Sie könnten einfach ein paar Kerzen im Badezimmer anzünden und gleich in eine warme Badewanne hineingleiten. Dafür müssten Sie aber einen Moment innehalten und die Arbeit zuerst einmal ruhen lassen, was Ihnen eher unliebsam wäre. Und dann hören Sie eine kleine Stimme in Ihrem Kopf, die Ihnen etwas sagen möchte: "Morgen ist auch noch ein Tag. Doch dieser Moment, er gehört nur noch dir". Werden Sie unter diesen Umständen auf Ihre innere Stimme hören oder eher nicht? Wenn Sie das nicht machen, können Sie nur verlieren. Eigentlich sollte Ihr Tag von Anfang an mit einer Prise Selbstliebe beginnen. Fangen wir einmal mit dem Aufwachen an: Was sind Ihre ersten Gedanken früh am Morgen?

Denken Sie sich vielleicht: "Oh Mann, Freitag ist in ganzen vier Tagen! Ich hoffe, ich kann auch diese Woche gut überstehen"? Erster Fehler. Versuchen Sie stattdessen, das große Ganze im Blick zu behalten: Sie haben letzte Nacht gut geschlafen.

Ihr Körper hat sich gut ausgeruht. Ein brandneuer Tag steht bevor. Sie bekommen eine neue Chance vom Universum. Sie sind am Leben. Damit können Sie sich glücklich schätzen – schließlich bekommt nicht jeder das Versprechen eines neuen Tages. Der Tag darf aber nicht beginnen, bevor Sie die folgende kleine Übung mit großer Wirkung abgeschlossen haben: Stellen Sie sich vor den Spiegel und betrachten Sie Ihr Bild darin für eine Weile. Was sehen Sie da? Tiefe Stirnfalten, ein Paar müde Augen oder einfach einen wunderschönen Menschen, der Sie auf der anderen Seite des Spiegels beobachtet? Sagen Sie ihm ins Gesicht, was sie für ihn empfinden. Er ist ein liebenswerter Mensch, der nur das Beste verdient.

Seien Sie also lieb zu ihm und lassen Sie ihn wissen, dass er ganz besonders ist. Und das ist noch lange nicht alles. Nicht nur die schöne Seele im Spiegel, sondern auch Ihr Körper, der Ihnen Tag und Nacht dient, verdient ein herzliches Dankeschön. Zeigen Sie ihm ein bisschen Liebe.

Sprechen Sie ihm Ihre grenzenlose Dankbarkeit für seinen treuen Dienst aus – tun Sie Ihrem Körper einmal etwas Gutes: Bereiten Sie sich einen großen Salat mit frischem Gemüse zum Mittagessen zu. Trinken Sie ein volles Glas Wasser dazu. Erlauben Sie sich dabei, Ihre Mahlzeit in aller Ruhe zu genießen. Gehen Sie danach in die Natur. Sie müssen nicht unbedingt joggen gehen – machen Sie lieber einen kurzen, achtsamen Spaziergang und setzen Sie sich dann auf eine beliebige Bank im Freien. Entspannen Sie all Ihre Sinne... Die Liste setzt sich fort und fort, Sie müssen sich lediglich eines merken: Liebe tut der Seele gut. Und ein bisschen

Liebe könnte jeder von uns gut gebrauchen. Sehr häufig zweifeln wir leider daran, dass wir unsere eigene Liebe verdienen. Wenn es aber um andere Menschen geht, müssen wir plötzlich kein zweites Mal darüber nachdenken.

Doch muss das wirklich so sein? Wie viele Menschen können mit Sicherheit sagen, dass sie Sie mehr lieben als sich selbst? Wahrscheinlich nur wenige. Machen Sie sich deshalb zur Priorität Nummer eins in Ihrem Leben! Nur dann werden Sie sich immer auf die Liebe ihres Lieblingsmenschen verlassen können – das ist nämlich niemand anders als Sie allein.

STEIN AUF STEIN - EINE BURG

Denken Sie einmal an die großartigen Denkmäler der Weltgeschichte: Der Eiffelturm, der Taj Mahal, die Chinesische Mauer – sie alle wurden nicht an einem Tag erbaut. Die hellen Köpfe, die damals die herrlichsten Wahrzeichen der Welt konstruiert haben, wussten eines: "Mit Geduld und Zeit kommt man mählich weit". Dies ist eine allgemeingültige Wahrheit, die jeder von uns früher oder später zu erfahren bekommt. Ohne Fleiß kein Preis – unabhängig davon, ob es dabei um die Erbauung von Rom oder den Aufbau einer starken Persönlichkeit geht. Als Kinder haben wir es immer geliebt, Sandburgen am Ufer des Meeres zu bauen – ebenfalls haben wir das Sonnenbaden geliebt. Nach jedem kurzen Nickerchen in der Sonne wurden alle unbeaufsichtigten Sandburgen immer zerstört und wir waren dann so untröstlich, dass wir sogar auf dem Heimweg im Auto darüber geweint haben. Was haben wir uns dabei wohl gedacht? Dass das Meer so ruhig war und die Wellen deswegen gar nicht ans Ufer kommen könnten? Dieses kleine Sandburgdrama hat uns damals eine wichtige Lehre erteilt – die Dinge, die uns im Leben wichtig sind, sollten wir niemals außer Acht lassen, sonst werden sie unvermeidlich von den brechenden Wellen der Zeit gnadenlos zerstört.

Dasselbe gilt für die Selbstliebe – man wird nie eines Tages mit Liebe für sich selbst aufwachen können, wenn man am Abend davor mit Hass im Herzen schlafen gegangen ist. Selbstliebe ist keine einfache Aufgabe, die sich von heute auf morgen erledigen lässt. Sie ist vielmehr das Ergebnis jahrelanger Arbeit an sich selbst, an den eigenen Gedanken, an den eigenen Gefühlen. So werden Sie nie mit einem breiten Lächeln im Gesicht vom Bett aufstehen können, wenn Sie am Abend davor nicht daran gedacht haben, wie viel Ihnen der kommende Tag bringen wird. So gut wie sicher werden Sie auch nie mit einem starken Selbstbewusstsein durch das Leben gehen können, wenn Sie heute noch keine passenden Maßnahmen in Richtung einer positiven Veränderung unternehmen.

Sie wissen ja, dass jedes große Kunstwerk zuerst einmal im Kopf des Betrachters entsteht. Und genau auf diese Art und Weise können Sie auch Ihr verrottetes Selbstbild zu einem neuen, gesünderen verändern: Indem Sie starke mentale Bilder in Ihrem Kopf pflanzen und sie mit der Zeit von allein gedeihen lassen. In Wirklichkeit ist ein starkes inneres Selbstbild der ausschlaggebende Faktor für eine gute Beziehung zu Ihrem wahren Ich. Die Technik der mentalen Bilder wurde von einem der erfolgreichsten Schönheitschirurgen der zwanziger Jahre, Doktor Maxwell Malz, entwickelt. Er ist damals als Erster hinter das Geheimnis für ein verblüffendes Selbstbewusstsein gekommen. Und nein – dahinter steckte keine bahnbrechende Technik in Sachen Schönheitsoperationen.

Vielmehr ist er zur Erkenntnis gelangt, dass sich der Gesamtzustand mancher seiner Patienten nur dann erfolgreich verändern konnte, wenn sich parallel zu ihrer äußeren Erscheinung auch noch ihr innerliches Bild verändert hat. Viele seiner Patienten haben nach ihren Schönheitsbehandlungen ein perfektes Aussehen erhalten und sind trotzdem mit sich selbst unzufrieden geblieben.

Das war auch der Grund dafür, warum sie sich selbst nie wirklich lieben konnten. Weil es danach schon wieder den Selbstzweifel gab: "Ich bin ja aber ziemlich dumm", "Das ist jetzt nicht genau die richtige Arbeit für mich", "Ich will das erst gar nicht versuchen, du kannst es eh besser als ich"... Die bittere Wirklichkeit ist, dass sich leider nichts verändern kann oder wird, wenn wir selbst nicht gewillt sind, im Wandlungsprozess aktiv mitzuwirken. Es gilt als ungeschriebene Regel, dass unser Inneres unser Äußeres bestimmt. Und tatsächlich sind Menschen, die ein niedriges Selbstbewusstsein haben, sehr leicht zu durchschauen – das sind dieselben Menschen, die ihr ganzes Leben auf der letzten Bank verbringen und sich nie wirklich trauen, sich zu Wort zu melden.

Im Gegensatz zu ihnen wissen selbstbewusste Menschen ganz genau, was sie vom Leben wollen und wie sie es am einfachsten bekommen können. Wir sind, was wir denken – und wenn wir uns selbst als Verlierer sehen, können wir nie als Gewinner aus dem Kampf des Lebens hervorgehen. Genauso wenig werden Sie sich lieben, wenn Sie jeden Morgen in den Spiegel schauen und sich dabei nichts anderes denken können als "Mensch, ich bin aber ziemlich dick geworden" oder "Boah, was sind das denn für schiefe Zähne?". Sie müssen nämlich einsehen, dass jeder Mensch verschieden geschaffen wurde – keiner hat Ihre Augen, Ihr Lächeln und Ihre Haare und das sind nur einige der Dinge, die Sie einzigartig machen. Sparen Sie sich deshalb lieber die tägliche Dosis Selbstkritik – sie wird Ihnen nichts Gutes bringen.

Fangen Sie heute noch an, sich innerlich mit starken Sätzen aufzubauen, anstatt sich selbst herunterzumachen. Wie sehen Sie sich selbst innerlich und was denken Sie wirklich über sich selbst? Sind Sie eher ein ewig Leidender oder ein entschiedener Optimist? Wir leben nur einmal und haben keine Zeit dafür, uns selbst ständig zu bemitleiden – das mindert unsere Lebensqualität irreversibel. Stattdessen sollten wir unsere Kräfte auf die positive Veränderung richten, die unser Leben mehrmals verbessern wird. Dafür müssen wir uns lediglich von den alten negativen Bildern verabschieden, die unser Denken bisher wesentlich geprägt haben. Wir lassen diese los und ersetzen sie durch solche, die der Wirklichkeit entsprechen und sogar über sie hinausgehen. Nachdem wir das gemacht haben, wird sich die äußere Welt unseren Erwartungen entsprechend ändern.

Unsere neuen Gedanken werden ihre nachhaltige Wirkung sofort entfalten und uns neue Energie und Begeisterung schenken. Von nun an hängt unsere innere Entwicklung nur noch von uns selbst ab – und hauptsächlich davon, was wir im Spiegel sehen. Schauen Sie noch einmal genauer hin: Was sehen Sie da?

Was Sie wirklich sehen sollten, ist ein einfacher Mensch, der Ihre Unterstützung braucht, um sich selbst zu finden. Jetzt sind Sie gefragt: Was werden Sie dem Menschen im Spiegel sagen, um sein Selbstbewusstsein zu steigern und ihm neue Hoffnung zu geben? Beginnen Sie mit dem Einfachsten – sagen Sie ihm, warum Sie ihn lieben und was genau Sie an ihm lieben. Die kleinen Gesten der Aufmerksamkeit, mit denen Sie ihn jeden Tag umgeben, werden ein wirkliches Wunder für ihn vollbringen. Er wird Tag für Tag mehr und mehr als Person wachsen und endlich den Mut fassen, sein wahres Ich der Welt zu offenbaren. Und... Wer weiß eigentlich? Vielleicht werden Sie und der Mensch im Spiegel eines schönen Tages im Glück vereint.

Nicht jede Kritik hinnehmen

Egal, wie sehr Sie sich bemühen, egal, wie sehr Sie sich anstrengen, egal, was Sie alles so machen: Sie werden immer wieder kritisiert. "Dies entspricht meinen Erwartungen nicht", "Das hättest du aber anders machen müssen", "Ich dachte, du schaffst es diesmal viel besser"... Diese und solche Anmerkungen können uns manchmal richtig verrückt machen. Wir wünschen uns, die Welt wäre nur einmal mit uns und unseren Leistungen zufrieden. Und doch scheinen alle uns ständig auf die Probe stellen und unsere Energie bis auf den letzten Tropfen aus uns heraussaugen zu wollen. So seltsam es klingen mag, meinen es solche Menschen ja nur gut mit uns. Denken Sie einmal kurz an Ihre Kindheit zurück: Als wir noch klein und ungehorsam waren, haben uns unsere Eltern für alles Mögliche gescholten. Sind wir einmal wieder unaufmerksam gewesen und hatten wir vergessen, den Hund für einen Spaziergang auszuführen, haben wir dann immer eine Lektion erteilt bekommen.

Unsere Eltern haben uns damals die halbe Zeit vorgeworfen, unverantwortlich gewesen zu sein, und wir konnten nie richtig verstehen, warum Sie uns nun immer mit ihren lästigen Reden über die Ethik und die gute Moral foltern wollten. Heute sind wir erwachsen - wir haben unsere eigenen Kinder und verstehen die guten Absichten unserer Eltern von damals sehr wohl. Sie wollten uns lediglich vor der schrecklichen Konfrontation mit dem Leid schützen und sicherstellen, dass wir später zu verantwortungsvollen und vernünftigen Erwachsenen werden. Und das ist in Wirklichkeit auch so passiert - jedoch haben wir mit den Jahren einen eigenartigen Schutzmechanismus für uns selbst entwickelt.

Anstatt ständig an die Konsequenzen unserer Taten erinnert zu werden, haben wir angefangen, uns selbst vor diesen Konsequenzen zu warnen. Wir haben angefangen, zu denken, bevor wir handeln. Diese Gewohnheit hat uns jedoch später im Leben einen Streich gespielt - mittlerweile können wir uns nicht einmal die Schuhe binden, ohne dabei denken zu müssen, dass wir irgendwo grundsätzlich falsch liegen. Diese kleine Stimme in unserem Kopf weiß alles besser - sie weiß nur nicht, wann sie doch lieber schweigen sollte. Manchmal muss sie echt aufpassen, was sie sagt, denn sie ist nicht immer so konstruktiv, wie sie eigentlich sein sollte.

Sie kann oft mies und gemein sein und Sachen sagen, die sie nicht so meint und die uns innerlich fertig machen. Kennen Sie ihn? Das ist Ihr innerer Kritiker. Sie denken sich wahrscheinlich: "Ich bin doch kein Kind mehr. Ich brauche niemanden mehr, der mich eines Besseren belehrt". Dieses Monster haben wir selbst erschaffen und deshalb müssen wir es selbst in die Schranken zu weisen wissen. So sehr wir unseren inneren Kritiker manchmal nicht leiden können, müssen wir zugeben, dass er schon einiges gut kann - uns einschlägige Ratschläge geben, unsere dummen Fehler an der richtigen Stelle korrigieren, uns auch einmal vollschimpfen, wenn wir schon wieder Blödsinn angestellt haben. Manchmal wird uns doch alles zu viel und dann ist der innere Kritiker nicht mehr behilflich, ganz im Gegenteil: Ab und zu könnten wir wirklich auf ihn und seine selbsternannten Weisheiten verzichten. Ein bisschen Kritik muss jeder ertragen können, dafür muss man aber nicht jede unbegründete Kritik hinnehmen.

Schließlich ist "Meine Güte, du bist aber richtig doof" oder "Du bist einfach nur ein Feigling" keine Kritik im eigentlichen Sinne, sondern vielmehr eine unverschämte Schikane, die wir uns aber nicht mehr gefallen lassen werden. Lassen wir den Alleswisser gemeinsam sprachlos! Manchmal reicht es leider nicht aus, der kritischen Stimme in uns laut und deutlich "Stopp!" zu sagen oder ihr einfach die rote Karte zu zeigen - manchmal braucht es nämlich strengere Maßnahmen, um ihre grenzenlose Frechheit beenden zu können. In Wirklichkeit will unser innerer Kritiker uns nur helfen - er ist einfach nicht in der Lage, die richtigen Worte dafür finden. Wenn er jedoch mit der Zeit nicht wortgewandter wird, müssen Sie ihm endlich zeigen, wer der Chef ist.

Versuchen Sie doch, ein vernünftiges Gespräch mit ihm zu beginnen.

Sie werden überrascht sein, wie viel sich mit gutem Willen und ein paar guten Worten erreichen lässt. Bitten Sie ihn deshalb beim nächsten Mal, wenn er aus dem Nichts anfängt, Sie zu beschimpfen, um konkrete Vorschläge, wie Sie sich selbst verbessern können.

Sollte das nichts bringen, können Sie einen Schritt weiter gehen: Lassen Sie ihn wissen, dass er die Kontrolle über ihr Leben niemals übernehmen wird. Sagen Sie ihm ehrlich, was Sie von seiner Tyrannei halten und überzeugen Sie ihn davon, dass er nie gegen Sie im Kampf um die Oberhand gewinnen wird – zumindest nicht, solange Sie die Richtung in Ihrem Leben bestimmen dürfen. Der innere Kritiker kann aber manchmal ganz schön hartnäckig sein – Sie können sicher sein, dass er nicht so leicht nachgeben wird. Sie wissen jedoch, dass es so nicht weitergehen darf: Ein bisschen konstruktive Kritik ist ja immer willkommen, aber dieses sinnlose Gelaber müssen und werden Sie nicht mehr dulden. Je mehr Sie auf die heimtückische Stimme in Ihrem Kopf hören, desto klarer wird Ihnen der fundamentale Widerspruch werden, der hinter ihr steckt: Einerseits will der innere Kritiker Ihr bester Freund spielen, andererseits versucht er, Sie bei jeder gegebenen Gelegenheit herunterzumachen.

So etwas brauchen Sie in Ihrem Leben definitiv nicht – was Sie allerdings brauchen, ist die Stimme der Selbstliebe, die die Stimme eines jeden inneren Kritikers übertönen kann. Setzen Sie sie deswegen aktiv im Kampf gegen Ihren alten "Verbündeten" ein. Auf jedes "Du Verlierer!" sollte also ein mutmachendes "Du bist genau der Richtige für diese Aufgabe!" folgen. Wir wissen ja ohnehin alle, dass am Ende immer die Liebe gewinnt. In unserem Leben gibt es zahlreiche Dinge, die die Liebe zu uns selbst verhindern können – das Urteil anderer Menschen, ihre überhöhten Erwartungen an uns, die Meinung, die wir über uns selbst haben... Dabei vergessen wir oft, dass wir manchmal zu streng zu uns selbst sein können. Nicht zuletzt geht es bei der Selbstliebe darum, die Verbindung zu sich selbst wiederherzustellen, sanft mit sich umzugehen und sich so zu akzeptieren, wie man ist – mit all seinen hellen wie dunklen Seiten. In der wahren Selbstliebe gibt es keinen Platz für Selbstkritik – das sind zwei sich gegenseitig ausschließende Begriffe.

Und nur, wenn wir den Drang, uns selbst zu kritisieren, überwinden, dürfen wir an das andere Ufer gelangen. Seien wir also gemeinsam mutig! Auch das wird vorübergehen und dann werden wir die Früchte unserer harten, ununterbrochenen, unermüdlichen Arbeit endlich genießen dürfen.

WIE SIE DIE WELT BEREICHERN

Unter uns gehen Menschen mit entzückenden Gaben und wir wissen es gar nicht. Früher wie heute kann man nicht sagen, dass es in dieser Welt an großen Persönlichkeiten fehlt.

Menschen, die die Welt bereichern, gab es immer, in jedem Jahrhundert und in jeder Ecke der Erde – ohne sie wäre das Leben, das wir kennen und lieben, nicht mehr dasselbe gewesen. Prometheus hat der Menschheit das Feuer gegeben. Später hat ihr Benjamin Franklin die Elektrizität verliehen. Jahrzehnte später sind Persönlichkeiten wie Mahatma Gandhi, Martin Luther King und Mutter Teresa auf die Welt gekommen, um ihr das Leuchtfeuer der Hoffnung auf ein menschenwürdiges Dasein zu geben. Und Sie? Was haben Sie der Welt gegeben? Oder besser gefragt: Was hoffen Sie, ihr geben zu können? Sehen Sie, außerordentliche Persönlichkeiten sind einmalig im Leben anzutreffen. Zudem werden Sie einmal alle paar Jahrzehnte geboren. Nur wenige von uns können mit Sicherheit sagen, wir hätten die Errungenschaften unserer Vorfahren übertroffen – nicht einmal, wenn es um weniger großartige Erfolge geht. Kennen Sie solche Menschen?

Sie tragen kitschige Adelsnamen aus dem Mittelalter wie Anna-Lena Prinzessin zu Sayn-Wittgenstein-Berleburg oder Karl-Richard Fürst von Hohenzollern und stehen mit ihren Familienangehörigen im Wettbewerb um ein sagenhaftes Familienvermächtnis. Häufig ist in die ganze Familiendramageschichte ein Familienbetrieb verwickelt, den eines der Kinder nach dem Tod ihres Vaters übernehmen soll.

Vielleicht geht es dabei um Weinbau und die Kinder müssen das uralte Weinrezept ihres Urgroßvaters verfeinern, um auf den Thron des Familienbetriebes kommen zu dürfen – fast wie in einem Märchen der Gebrüder Grimm. Sollten Sie solche Menschen wirklich kennen, dann wissen Sie wahrscheinlich, dass ihr Geschäft buchstäblich zum Scheitern verurteilt ist. Keines der Kinder ist in der Lage, den Familienbetrieb zu retten, und deswegen muss er leider den Umständen zufolge ins Chaos stürzen.

Wie durch einen Fluch wurde der Tod der "Familienehre" ausgelöst und die Kinder können nichts dagegen tun. Sie können der Auflösung der Familie einfach nur zusehen. Der Ruhm der Vergangenheit kann nicht so einfach beseitigt, geschweige denn besiegt werden – er schwebt wie ein Schatten über uns allen. Den Leistungswahn in unserer heutigen Gesellschaft bekommt jetzt jeder von uns langsam zu spüren. Wir müssen nicht nur besser als alle anderen sein, sondern auch noch die Leistungen aller derjenigen übertreffen, die vor uns einmal auf die Erde gegangen sind. Das sind enorm hohe und realitätsfremde Anforderungen, die solche einfachen Menschen wie wir wahrscheinlich nie erfüllen werden.

Die eigentliche Frage ist jedoch: Wer sagt, wer wir sein müssen und was wir aus unserem Leben zu machen haben? In den meisten Fällen sind das unsere Eltern, Freunde, enge Familienangehörige... Sehr häufig ist es aber die ganze Gesellschaft, die ständig etwas von uns zu wollen scheint. Und sie wird nur dann ihren Griff loslassen, wenn sie das von uns bekommt, was sie in erster Linie will. Denken Sie kurz an die richtig schlechten Vampirfilme wie Twilight oder Dracula: Die monströsen Kreaturen mit spitzen Eckzähnen und blutigen Augen sind in Wirklichkeit eine Metapher für die Gesellschaft der Eitelkeit, die die Kräfte aus unserem Körper heraussaugen will - wenn möglich bis auf den letzten Tropfen. Falls Sie nicht vor lauter Langeweile eingeschlafen sind, während Sie Twilight oder Dracula und Co. schauten, wissen Sie, dass ein Vampir keine andere Wahl hat, als Menschenblut zu trinken, wenn er überleben will.

So ist auch die Gesellschaft, in der wir leben, ihrem Wesen nach nicht unbedingt übel gesinnt - sie muss sich schlicht und einfach als die einzige Form des menschlichen Zusammenlebens bewahren. Genauso wie ein Mensch, der vom Verhungern bedroht ist, muss die Gesellschaft zu ihren tierischen Instinkten zurückkehren - sie muss jagen, erbeuten und töten. Ihr werden nach wie vor die Schwächsten im Tierreich zum Opfer fallen. Das sind Sie zum Glück nicht. Eine Ewigkeit lang entwickeln wir verschiedene Abwehrmechanismen, um uns selbst vor dem schrecklichen Leben schützen zu können. Dabei müssen wir nicht nur überleben - an erster Stelle ist das Leben eine Reise und wir müssen die Fahrt ja genießen können. In Wirklichkeit haben wir nichts anderes außer dieser einen Einwegreise und genau deswegen müssen wir sie wie einen guten Wein auskosten lernen.

Ob Sie die Reise verschlafen, die ganze Zeit durch das Fenster schauen oder mit dem Auto anhalten und die schöne Landschaft erkunden werden, hängt allein von Ihnen ab. Wenn wir aber ständig an den morgigen Tag denken, bleiben wir an ein und derselben Stelle stecken. Das wollen wir natürlich nicht - wir wollen die Welt sehen, sie bewundern und nicht zuletzt an den Geschehnissen in ihr teilnehmen. Es gibt solche Tage, an denen wir nichts dagegen haben, Sklaven einer blutgierigen Gesellschaft zu sein.

Und es gibt solche Tage, an denen wir Autoscheiben zerschlagen und uns aus dem fahrenden Auto befreien, weil wir uns mit einer einfachen Fahrt nicht begnügen wollen. Aus den Fensterscheiben sehen wir allerlei Menschen – Menschen, die sich auf dem Weg zur Arbeit befinden, Menschen, die ihre Geburtstage in Restaurants feiern, Menschen, die ihren Freunden auf der Straße begegnen... Und tatsächlich wollen wir an all dem teilnehmen. Wir entscheiden, dass wir nicht mehr an einer Reise ins Zauberland interessiert sind, verabschieden uns höflich vom Autofahrer und steigen aus. Draußen ist nichts wirklich so dunkel, wie dies aus den abgedunkelten Autoscheiben aussah. Im Moment, in dem wir in die Welt hinausgegangen sind, war nichts mehr dasselbe: Wir haben der Welt unsere eigene Farbe gegeben – das Farbschema, aus dem die einmalige Farbe unserer Seele zusammengesetzt ist. Und dann wurde die Welt bunter als je zuvor. Sie fragen sich nun: "Wie ist das denn möglich?".

Die Antwort auf Ihre Frage ist einfacher als Sie denken: Sie bereichern die Welt mit all dem, was Sie in sich tragen – mit Ihrer netten Persönlichkeit, Ihrer grenzenlosen Liebe zu sich selbst und zu den anderen, mit Ihrer barmherzigen Seele... Alles, was Sie früher nicht hatten, gehört jetzt nur noch Ihnen und wird der weiten breiten Welt gut dienen. Sie werden von positiven Emotionen und puren Gefühlen überwältigt. Nun wollen Sie diese mit der ganzen Welt teilen. Auf einmal fangen sie an, zu geben und nichts zurückzuverlangen. Einfach nur so. Weil es Sie glücklich macht. Weil es Sie innerlich erfüllt. Weil es die Welt bereichert

Der beste Coach der Welt

Als wir jung waren, wollten wir immer mit den älteren Kindern Federball spielen. Viele von uns waren jedoch ziemlich ungeschickte Spieler. Deshalb durfte man nur noch zuschauen, während die anderen gespielt haben. Man ließ sich damals noch nicht so einfach in die Schranken weisen. Wir wollten immer dabei sein und fanden uns mit unseren Unfähigkeiten nicht ab. Dann haben wir viele einsame Stunden, wenn nicht sogar ganze Tage, im Hausgarten verbracht, bis wir uns selbst beigebracht haben, wie man Federball spielt. Und als wir den anderen Kindern schließlich voller Stolz gezeigt haben, wie es geht, waren sie mehr als verwundert: "Wie hat der Kleine denn in so kurzer Zeit Federball gelernt?".

Und ganz ehrlich, wir wussten nicht, was wir antworten sollten. Es kam uns damals so vor, als ob wir eine besondere Fähigkeit erworben oder eine Überlegenheit gegenüber den anderen errungen hätten. Tatsächlich wurden wir nach dieser merkwürdigen Transformation besonders behandelt. Man hat sich den Respekt der anderen verschafft, weil sie gemerkt haben, dass man sich mühsam verändert hat. In der Welt der Erwachsenen gilt die gleiche Regel – wo ein Wille ist, ist auch ein Weg. Sich selbst zu verändern, ist sicherlich keine so einfache Aufgabe, wie sich selbst Federball beizubringen, jedoch ist der Mechanismus derselbe. Der Mensch ist so beschaffen, dass er einem ständigen Wandel unterliegt.

Wenn ihm etwas nicht passt, wendet er jede kleine Unbequemlichkeit zum Besseren. Denn mit dem starken menschlichen Willen lässt sich sogar das scheinbar Unmögliche erreichen.

"ERZÄHL MIR VON DEINEN SCHWÄCHEN UND ICH ZEIGE DIR DEINE STÄRKEN"

Kennen Sie einen Menschen, der keine Schwächen besitzt? Ob Sie es glauben oder nicht – solche Übermenschen existieren nur in Comics und Märchen. Unsere Schwächen sind gleichzeitig das, was uns am meisten stärkt. Wir streben alle nach Vollkommenheit und Perfektion und können die Tatsache, dass wir einfach nur Menschen sind, meist nicht verkraften. Haben Sie schon einmal darüber nachgedacht, wie langweilig unser Leben wäre, wenn wir alle makellos wären?

Unsere Schwächen sind dafür da, um uns eine Prise von Einzigartigkeit zu schenken – genau wie eine persönliche Achillesferse. Jedoch unterschätzen viele Menschen ihre eigenen Stärken, indem sie sich lieber auf ihre Schwächen konzentrieren. Stellen Sie sich die folgende Situation vor: Sie sind ein hervorragender Leistungsschwimmer und können zwei Bahnen in weniger als 25 Sekunden schwimmen. Dabei hält Michael Phelps den Rekord mit weniger als 18 Sekunden. Sie regen sich allerdings darüber auf, dass Sie Ihren Atem nicht lange genug unter Wasser halten können.

Das hat natürlich so gut wie keine Auswirkungen auf Ihre Leistung, doch Sie wollen sich darin verbessern. Somit gehen Sie einen großen Schritt zurück: Sie kommen auf den Anfang zurück, als Sie damals mit sieben Jahren Ihrem ersten Schwimmlehrer stolz gezeigt haben, dass Sie Bläschen unter Wasser machen können. Sie haben sehr gut gewusst, dass Sie sich stattdessen auf die Verbesserung Ihrer Geschwindigkeit hätten konzentrieren sollen und trotzdem haben Sie diesen Fehler bewusst begangen. Auf diese Weise arbeiten wir gegen uns selbst – wenn wir uns von unseren Schwächen entmachten lassen und dadurch unsere Stärken nicht mehr erkennen können. Dabei sollte die Erkennung unserer Stärken der Ausgangspunkt jener Persönlichkeitsentwicklung sein, die uns in voller Pracht erblühen lässt. Denken Sie daher das nächste

Mal, wenn Sie kurz vor dem Verzweifeln stehen, daran: Scheitern ist nicht das Gegenteil von Erfolg, es ist ein Teil davon. Oder besser ausgedrückt: Schwäche ist ein Teil von jeder Stärke. Eine große Schwäche von vielen von uns ist zum Beispiel die Liebe zu unseren Lieblingsmenschen. Für sie würden wir jede Hürde überwinden. Das ist ein typischer Fall, in dem unsere Schwächen und Stärken aufeinander aufbauen. So oder so muss man sich zu einem bestimmten Zeitpunkt im Leben seinen positiven und negativen Fähigkeiten bewusst werden. Je früher dies geschieht, desto weniger Chancen und Risiken hat man verpasst.

Letzten Endes stehen Ihre Schwächen und Stärken ganz oben auf Ihrem Persönlichkeitsprofil. Sie sind eine entscheidende Komponente in der Persönlichkeitsentwicklung, weil sie als Grundlage des Ist-Szenarios dienen. Wie das Soll-Szenario aussehen könnte, hängt dabei völlig von der Veranlagung des Menschen ab, also von der Ausgangssituation, die schon vorhanden ist. Ein Muss ist dabei die verstärkte Arbeit an der Optimierung des eigenen Stärkenprofils. Dementgegen sind die persönlichen Schwächen weniger wichtig für den Entwicklungsprozess – außer es handelt sich um ein ernsthaftes Problem mit sich selbst, wie zum Beispiel Aggressivität. Wichtig ist vor allem, eine nüchterne Bewertung von Ihren persönlichen Qualitäten vornehmen zu können. Oberstes Ziel ist dabei der Abgleich von Selbst- und Fremdwahrnehmung. Zögern Sie also beim nächsten "Wahrheit oder Pflicht"-Spiel nicht, Ihren Freunden die wichtigen Fragen direkt zu stellen.

Erst erkennen, dann akzeptieren und schließlich verändern

Sein bestes Ich zu werden, ist für viele der größte Traum im Leben, denn wer sich mit seiner unzufriedenstellenden vorübergehenden Situation abfindet, kann zu hundert Prozent mit großen Verlusten im Privatleben rechnen. Haben Sie einmal darüber nachgedacht, wie viel wir eigentlich zu verlieren haben und wie schnell das alles verloren gehen könnte, wenn wir uns keine Mühe mehr geben würden? Die Hilfe, die das eigene Ich braucht, um in Ausgewogenheit weiterleben zu können, soll dringend gewährleistet werden – sonst wird vieles aufs Spiel gesetzt. Sehr oft realisieren wir nicht, wenn etwas mit unserem Inneren nicht mehr in Ordnung ist. Erst, wenn die Welle kommt, greifen wir zu entsprechenden Maßnahmen, um unserer inneren Stimme das nötige Gehör zu verschaffen. Damit es nicht dazu kommt, muss man ständig auf seine innere Stimme hören. Was sagt sie Ihnen? Die Seele spricht Ihre eigene Sprache und deshalb ist es manchmal schwierig, sie vollumfänglich zu verstehen. Aber wie genau erkennt man die Botschaften der Seele? Die Selbstreflexion ist für diesen Zweck perfekt geeignet. Stellen Sie sich selbst die folgenden Fragen, bevor Sie den Tag ausklingen lassen, und lassen Sie Ihren Gedanken dabei freien Lauf: Wie war heute mein Tag? Welche Gefühle hat er in mir hinterlassen? Worüber durfte ich mich heute aufrichtig freuen?

Überdies muss man sich eines merken und dies soweit es geht verinnerlichen: Der Erfolg kommt nicht über Nacht. Er ist das Ergebnis aus unseren Träumen, unseren Hoffnungen und nicht zuletzt aus unserer unermüdlichen Arbeit an uns selbst. Um zum Erfolg überhaupt kommen zu können, muss man ein spirituelles Niveau erreichen, auf dem man sich selbst mit seinen ganzen Schwächen und Unfähigkeiten akzeptiert. Sie müssen im Kopf behalten, dass Sie sich nicht zu einem komplett anderen Menschen, sondern zu der besten Version von sich selbst entwickeln werden. Danach kann der eigentliche Prozess der Selbstveränderung beginnen.

Nur wer sich selbst samt aller seiner dunklen Seiten kennt und sich wagt, die eigene Komfortzone zu verlassen, darf diese Metamorphose erleben. Wer sich zu einem erfolgreichen Menschen entwickeln will, bleibt nicht den halben Tag auf der Couch liegen. Wer ausdauerfähiger werden will, gibt nicht nach dem ersten kleinen Misserfolg auf. Bei der Persönlichkeitsentwicklung geht es vielmehr darum, jeden Tag kleine Schritte in die gewünschte Richtung zu unternehmen, bis man sich selbst von seiner eigenen Stärke überzeugt hat. Halten Sie deswegen Ihr Ziel immer vor Augen! Lassen Sie sich im Prozess der Entwicklung von der eigenen Intuition leiten. Sagt Ihnen eine innere Stimme, dass Sie eine Verabredung mit Ihren Freunden absagen sollten, weil Sie mit Ihrer Arbeit immer noch nicht hinterhergekommen sind? Das ist Ihr gutes Gewissen, das sich jedes Mal aktiviert, wenn Sie dabei sind, eine Entscheidung zu treffen, die Ihren guten Vorsätzen möglicherweise widerspricht. Hören Sie ihm besser zu, denn Ihre Intuition wird Sie nur selten fehlleiten. Sie werden überrascht sein, wie viel sich mit ein bisschen Mut und Disziplin erreichen lässt. Um sich selbst und Ihre Gewohnheiten grundsätzlich zu verändern, brauchen Sie nicht bis zum nächsten Neujahr abwarten – beginnen Sie noch heute, das wird garantiert ein Erfolg.

KÖRPERLICH ERWACHSEN, MENTAL ERWACHSEN? WARUM NICHT BEIDES?

Früher haben wir immer gedacht, dass die älteren Kinder alle so cool sind, weil sie bis spät abends draußen bleiben und freitags mit Freunden in die Disco durften. Sie wiederum haben sich die ganze Zeit über die Schule und die vielen Hausaufgaben beschwert und konnten es nie wirklich verstehen, was wir am Erwachsensein so cool fanden. Dann sind wir selbst erwachsen geworden und haben all das, was die älteren Kinder einmal zu uns sagten, zu verstehen bekommen. Als Kinder haben wir jeden Abend vor dem Einschlafen das Universum gebeten, schneller groß zu werden. Wir hatten kaum einen größeren Wunsch als diesen und können uns bis zum heutigen Tag nicht erklären, warum dies damals so war. Heute wünschen wir uns eher, wir könnten zu unserer Kindheit zurückkehren. In unserem Leben kennen wir viele Bespiele für solche Menschen, die in einem hohen Alter immer noch so wirken, als ob sie mental im Kindergartenalter verhaftet wären. In der Tat ist es häufig so, dass sich Körper und Psyche nicht gleichzeitig entwickeln.

Während der Körper auf natürliche Art und Weise wächst, kommt die Psyche in diesem Prozess nicht unbedingt mit. Deswegen liegt es in der Verantwortung jedes einzelnen Menschen, die Sorge für seine eigene mentale Entwicklung zu übernehmen. Zwischen körperlich und mental erwachsenen Menschen bestehen ein paar wichtige Unterschiede, die ihren Ausdruck in verschiedenen Alltagssituationen finden. So übernehmen körperlich Erwachsene nicht gerne die Verantwortung, sondern stellen sich selbst lieber als Opfer von vermeintlicher Ungerechtigkeit dar, wenn ein Problem aufgetreten ist. Im Gegensatz dazu bleiben mental erwachsene Menschen auch unter Druck ruhig und souverän, während körperlich erwachsene Menschen häufig aus der Haut fahren, wenn sie eine schwierige Situation nicht mehr bewältigen können. Nach einem Rückschlag pflegt der mental Erwachsene es, rasch wieder aufzustehen. Der körperlich Erwachsene hingegen bleibt auf dem Boden liegen, meckert nur rum und beschuldigt andere für seine eigenen Fehler. Haben Sie Bekannte, Kollegen oder vielleicht sogar Familienmitglieder in den oben genannten Beispielen wiedererkannt? Oder lassen Sie auch manchmal aus Versehen das innere Kind in Ihnen sprechen?

Das Kind in uns verlangt ständige Aufmerksamkeit und wird richtig wütend, wenn es sie nicht bekommt. So wie jedem anderen Kind müssen auch ihm sämtliche Etiketten beigebracht werden. In diesem Sinne kann man die Persönlichkeitsentwicklung als eine Art Kindererziehung betrachten. Und wie genau kann man sich selbst zu einem vernünftigen Erwachsenen erziehen? Beginnen Sie zuerst mit der Erweiterung des eigenen Horizonts – lesen Sie in Ihrer Freizeit so viele Bücher wie möglich, um neue Lebenseinstellungen und -stile kennenzulernen. Versuchen Sie, sich selbst nützliche Fähigkeiten beizubringen – so wächst Ihr Selbstvertrauen. Trauen Sie sich einmal heraus aus der Komfortzone – stehen Sie am Wochenende eine Stunde früher auf und holen Sie die Arbeit nach, die Sie schon seit einer Woche verschieben.

Wagen Sie kleine Herausforderungen im Alltag. Mit jedem gelösten

Problem kommen Sie näher an eine verbesserte Version von sich selbst. Und wenn all das nichts hilft: Wenden Sie sich mit Ihren Wünschen und Hoffnungen an den richtigen Zuständigen für Ihre Anliegen - das Universum. Es nimmt zurzeit ständig neue Bestellungen auf.

"Liebe deine Hasser"

Dürfen wir vorstellen: Er ist einer von unseren zahlreichen Klienten. Er ist 40 Jahre alt, arbeitet als Kaufmann im Gesundheitswesen und kennt den Sinn seines Lebens nicht. Ihm fehlt im Leben so gut wie nichts - er hat eine wundervolle Familie und besitzt eine eigene geräumige Wohnung im Stadtzentrum einer Großstadt. Neulich hat er sich sogar ein neues Auto gekauft, für das er jahrelang Geld gespart hat.

Alles, was er in seinem Leben erreicht hat, hat ihm unglaublich viele Mühen gekostet. Er schuftet sich jeden Tag an der Arbeit krank, um seiner Familie ein überdurchschnittlich gutes Leben in der oberen Mittelschicht gewährleisten zu können. In seinem Leben fehlen die kleinen Freuden im Leben natürlich nicht - jeden Abend wartet auf ihn nach einem anstrengenden Tag auf der Arbeit eine warme Mahlzeit in der Gesellschaft seiner lieben Familie. Er kann es sich leisten, samstags mit Freunden gemeinsam zum Golfspielplatz zu fahren, um dort seine Samstagnachmittage entspannt zu verbringen. Doch das allein reicht ihm nicht, um sagen zu können, dass er mit seinem Leben wirklich zufrieden ist.

Er wünscht sich, er könnte das hohe spirituelle Niveau erreichen, um gelassener und friedlicher durch das Leben gehen zu können. Psychologenbesuche und Selbsthilfehörbücher halfen nicht mehr weiter - und so entschied er sich für eine Bestellung beim Universum. Eines Abends lag er im Bett und dachte sich dabei: "Das Universum ist großzügig und hilft jedem, der vom Herzen um Hilfe bittet. Mein Gebet darf nicht unerhört bleiben". Er schloss seine Augen und begann, aus seiner Seele zu sprechen: "Gib mir die Kraft, meine eigene Kraft zu erkennen, und ich werde dir immer dankbar bleiben und deinen Namen preisen". Dann offenbarte es sich ihm und sprach: "Ab heute bekommst du alles, was dir bisher gefehlt hat. Mein Wort ist Wahrheit und es wird sich erfüllen. Merke dir eines: Achte auf deine Gedanken, denn sie werden dein Schicksal". Nach diesem Abend war er nie wieder derselbe Mensch, der er früher war. Gleichzeitig hat sich sein persönliches Umfeld von Grund auf gewandelt. Viele von seinen ehemaligen Freunden konnten bloß nicht verstehen, wie und warum ihr "alter Kumpel" auf einmal verschwunden war. Aus Freunden wurden Neider. Doch seine Seele war ruhig – er hatte das Geheimnis des Universums verinnerlicht. Es schien ihm, als ob sich alles in seinem Leben zum Guten wendete, nachdem er die Gedanken in seinem Kopf gereinigt hatte. Genauso, wie er seine eigenen Gedanken geordnet hatte, hat sich entsprechend alles in seinem Leben wie durch ein Wunder geordnet.

Dasselbe wird Ihnen passieren, wenn Sie sich endlich trauen würden, das Universum um Hilfe zu bitten. Sie werden manche von Ihren Herzensmenschen verlieren müssen, weil sie nicht willig sein werden, sich mit zu entwickeln. Nicht jeder wird Sie für Ihre positive Veränderung loben – bereiten Sie sich mental darauf vor, dass Sie auf viel Ablehnung stoßen werden, die zum Teil auch von Ihren Lieblingsmenschen kommen wird. Lassen Sie sich davon nicht einschüchtern! Töten Sie die Missstimmung der anderen mit Liebe und begraben Sie ihr Misstrauen mit einem Lächeln. Denn: Alles, was du gibst, kommt dreifach zu dir zurück. Ein bisschen Liebe könnten Sie jederzeit gut gebrauchen.

Gleich und gleich gesellt sich gern

Können Sie sich eine Welt vorstellen, in der Sie als einziger Mensch existieren? Das wäre eine echt traurige Welt. Wenn man nicht gleich vor Langeweile stirbt, wird die Einsamkeit einen in Windeseile fertig machen. In so einer Welt will und sollte keiner leben. Eine Legende besagt, dass die Menschen von Geburt an voneinander getrennt wurden und seither jeder nach seiner zweiten Hälfte im Leben sucht. Jeder Mensch sei ein Engel mit nur einem Flügel. Erst, wenn man seine andere Hälfte findet, wird man zum vollwertigen Menschen – oder besser gesagt, zum vollwertigen Engel. Wenn man seine verwandte Seele umarmt, können die beiden, zu einem harmonischen Ganzen verschmolzen, gemeinsam in den Himmel fliegen, um dort ihr wahres Glück zu finden.

Vielen von uns kommt es manchmal so vor, als ob wir nicht für uns selbst, sondern nur noch für die anderen leben würden. In der Tat sind wir häufig darum bestrebt, vorbildliche Leistungen in allen Lebensbereichen zu erbringen, um die Anerkennung und den Respekt unserer Mitmenschen gewinnen zu können. Doch die meisten Menschen haben nichts dagegen, ein Leben im Schatten der fremden Erwartungen zu führen. Und so leben sie am eigenen Leben vorbei, weil sie aus Versehen einen wichtigen Lebensaspekt vernachlässigt haben – nämlich die Zufriedenheit mit sich selbst. Um dies zu verhindern, muss man die wichtigste Lebenskompetenz – die Führung eines unabhängigen Lebens – erlernen.

PASSEN SIE AUF, WEN SIE LIEBEN

Was ist das schönste Geschenk, das wir von unseren Herzensmenschen jemals bekommen können? Ihre bedingungslose Liebe, natürlich! Schön wäre es. Doch die traurige Wahrheit ist, dass nicht jeder unsere Liebe verdient. Manche Menschen lächeln uns so schön ins Gesicht und wollen uns trotzdem fallen sehen. Solche Menschen, die mit sich selbst nicht im Reinen sind und deswegen andere herunterziehen wollen, nennt man aus einem guten Grund Energievampire. Wenn sie in unsere nähere Umgebung gelangen, bringen sie einen Haufen negative Energie in unser Leben. Fühlen Sie sich in der Gesellschaft von manchen Menschen aggressiv, ängstlich oder gar unterdrückt? Verwickeln Sie diese häufig in Konflikte? Macht Sie allein ihre Gegenwart manchmal verrückt?

Na, dann raus mit solchen Menschen! Wenn Sie manche Menschen, mit denen Sie sich umgeben haben, im Leben nicht weiterbringen, sind Sie nicht verpflichtet, ihnen Ihre ganze Aufmerksamkeit und Ihr Mitleid zu schenken. Alle Menschen treten mit einer bestimmten Aufgabe in unser Leben – manche mit dem Ziel, unvergessliche Erinnerungen zu hinterlassen und manche mit dem Plan, uns einen Denkzettel zu verpassen. Mit der Zeit erkennen Sie immer deutlicher, wer wer ist. Merken Sie sich eines: Ihre Hilfsbereitschaft sollte für Menschen, die Sie unten sehen wollen, nicht endlos sein!

Solche Menschen tendieren nämlich häufig dazu, andere zu ihrem eigenen Vorteil auszunutzen, um an ihr Ziel kommen zu können. Sie sind nicht selten unfähig, etwas mit ihren eigenen Kräften zu erreichen, und rauben stattdessen die Energie anderer Menschen. Sagen Sie auch einmal "Nein", wenn die Gelegenheit für Sie nicht gerade günstig ist. Wenn Sie einmal den Energievampir in jemandes Gesicht erkannt haben, sollten Sie alles Mögliche dafür tun, um dieser Negativität in Ihrem Leben zu entkommen. Halten Sie sich deswegen so oft wie möglich bei positiven Menschen auf, die Ihre spirituelle Entwicklung nicht hindern, sondern

Sie aktiv darin unterstützen und bereit sind, sich gemeinsam mit Ihnen zu entwickeln. Das heißt natürlich nicht, dass Sie gegenüber diesen Menschen herzlos werden müssen. Bieten Sie ihnen Ihre Hilfe an, aber lassen Sie sie gleichzeitig wissen, dass Sie ihnen von nun an den skrupellosen Energieraub verwehren.

Man kann schwerlich bestreiten, dass manche Menschen ein bestimmtes Charisma besitzen und auf uns anziehend wirken. Was sein soll, wird immer einen Weg finden. Kein Mensch, der an unserem Leben teilgehabt hat, war ein Fehler. Vielmehr sind solche Menschen in unser Leben gekommen, um uns vor unseren eigenen Dämonen zu warnen. Das sind nämlich die Fehler, die wir in Bezug auf uns selbst begehen. Man zieht schließlich das an, was man denkt. Und wenn man ständig denkt, dass man nicht genug ist, kommen solche Menschen in das eigene Leben, die einen zu "vervollständigen" suchen. Es ist ziemlich leicht, am Anfang einer Beziehung von solchen Menschen emotional abhängig zu werden. Solche Beziehungen vermitteln ein falsches Gefühl der Vollkommenheit und lassen uns denken, dass diese Menschen unsere Erlöser sind, nur weil sie in einer schwierigen Zeit für uns da waren. Lassen Sie sich von solchen Menschen nicht täuschen und werden Sie sie so schnell wie möglich los, bevor es zu spät dafür wird!

Die Grenzen ziehen, wo es sein muss

Viele der Schwierigkeiten, mit denen manche von uns heute zu kämpfen haben, gehen auf Probleme in den Beziehungen zu unseren Mitmenschen zurück. Als die Mama ihre Stimme einmal ein bisschen zu hoch erhoben hatte, hat man gleich angefangen, zu weinen. Oder damals im Kindergarten, als die anderen Kinder mit einem nicht spielen wollten, weil sie meinten, man würde nicht in die Gruppe hereinpassen. Oder später in der Schule, wenn sich die sogenannten "Freunde" am Wochenende nur dann meldeten, wenn sie Hilfe bei den Hausaufgaben brauchten. Diese und viele andere Erinnerungen, die man in seiner Kindheit gesammelt hat, bestimmen zum größten Teil unseren heutigen Charakter.

Und während man seine Vergangenheit nicht ändern kann, unterliegen die Gegenwart und die Zukunft unserer Kontrolle. Wegen der schlechten Erfahrungen, die man zu einem früheren Zeitpunkt gemacht hat, kennt man es heute nicht anders. Das Ergebnis daraus ist ein minderer Selbstwert, der das vielfältige Potenzial des Selbst nicht durchschimmern lässt. Doch es kann auch anders sein.

Auf dem Weg der Persönlichkeitsentwicklung muss man viele Entscheidungen treffen. Die Entscheidung, von den Erwartungen der anderen loszulassen, ist mit Abstand die schwierigste Maßnahme, die Sie ergreifen müssen, um sich von der Vergangenheit verabschieden zu können. Sie müssen einsehen, dass Blut nicht immer Familie bedeutet – und umgekehrt. Die Menschen, die Sie Ihr ganzes Leben lang begleitet haben, können auf einmal für Sie ihre Bedeutung verlieren. Sie können Menschen, die Sie erst seit kurzer Zeit kennen, in Sekundenschnelle liebgewinnen. So ist eben das Leben.

Nichts bleibt für immer so, wie es bisher war. Deshalb muss man lernen, sich an die Umstände anzupassen und nicht an anderen hängen zu bleiben, wenn diese schon längst weitergezogen sind. Nicht zuletzt muss man einsehen, dass man ein autonomes Lebewesen ist. Kein Mensch ist wie der andere und das genau ist die Stärke von jedem von uns. Obwohl alle Menschen miteinander verbunden sind, hat jeder sein eigenes Schicksal, das nicht nur von den Sternen, sondern auch noch von dem eigenen Willen abhängt.

Und wenn Sie endlich zur Erkenntnis kommen, dass manche Menschen Ihre Entwicklung nicht unterstützen oder sogar auch verhindern wollen, müssen Sie die Kraft aufbringen, um diese Verbindungen abzubrechen – unabhängig davon, wie viel das Ihnen kosten würde und wessen Gefühle Sie "verletzen" müssten. In Ihrem Leben stehen Sie an erster Stelle, so egoistisch das auch klingen mag. Ist Ihnen eigentlich klar, wie viel Energie Sie unnötig verbrauchen, wenn Sie ständig versuchen, sich an die Wünsche der anderen gebunden zu halten und nach fremden Erwartungen zu leben?

Die Zeit kann man nicht zurückdrehen – jede Sekunde, die Sie damit verbringen, ein Sklave der Gesellschaft zu sein, verkürzt die Dauer Ihres wahren, spirituellen Lebens. Sie haben die Qual der Wahl – wollen Sie sich in Bequemlichkeit wiegen und dabei die Ihnen vom Universum gegebene, einzigartige Chance verpassen oder nehmen Sie lieber sämtliche Risiken in Kauf und tauchen Sie in Ihr neues Leben ein? Die Zukunft liegt in Ihrer Hand – ergreifen Sie sie! Sonst werden Sie viel verpassen, das nicht mehr zurückkommen wird. Die Uhr läuft ja schließlich gegen uns alle.

WAS IST EIN GUTER FREUND?

"Alte Freunde sind wie alter Wein, er wird immer besser und je älter man wird, desto mehr lernt man, dieses unendliche Gut zu schätzen", meinte einmal der Ordensbruder Franz von Assisi. Heute können wir seinen weisen Gedanken besser als je zuvor nachvollziehen. Ohne die Unterstützung, die Freunde in unserem Leben leisten, wäre vieles undenkbar. Schon ab einem jungen Alter haben sie uns immer dann Mut gegeben, wenn wir die Kraft nicht finden konnten, an uns selbst zu glauben. Können Sie sich immer noch an mehrere Male erinnern, wo Ihre Freunde Ihnen gesagt haben, "Du bist so stark. Das schaffst du locker", und wie weit Sie diese kleinen Worte im Leben gebracht haben? Zum Beispiel damals in der Grundschule, bevor Sie auf die Bühne beim Talentwettbewerb getreten sind, um dem jubelnden Publikum Ihr Lieblingslied vorzusingen und allen zu zeigen, was Sie draufhaben?

Ganz gleich, ob es sich um eine Talentshow oder um eine Job-Bewerbung handelt – ein bisschen Mut könnte jeder in seinem Leben gut gebrauchen. Sehr oft werden wir leider genau von diesen Menschen enttäuscht, die immer unsere besten Freunde zu sein behaupteten. Langjährige Freundschaften können in einer Minute zerbrechen und Ihre treuesten Freunde könnten Sie zu jeder Zeit verraten.

Das Leben ist leider nicht immer fair. Und trotzdem bleiben viele bis zum bitteren Ende an unserer Seite – das sind die Menschen, die sich zurecht "wahre Freunde" nennen können. Solche Menschen sind für unsere Entwicklung zum Besseren mehr als nötig. Haben Sie sich schon Gedanken darüber gemacht, mit wem Sie die meiste Zeit verbringen? Sind das wirklich die Menschen, die Sie jeden Tag vorantreiben und die Ihre kostbare Zeit verdienen? Denn man darf letztendlich die ungeschriebene Regel nicht vergessen, dass man zu dem Durchschnitt der fünf Menschen wird, mit denen man die meiste Zeit verbringt. Die Gedanken Ihrer nahen Mitmenschen werden Ihre eigenen Gedanken. Wenn sich das für Sie nicht nach einem Win-Win anhört, dann lassen Sie es lieber.

Pauschal kann man natürlich nicht sagen, was einen guten Freund ausmacht – ob er groß und blauäugig sein muss und am besten jeden Tag 24 Stunden mit Ihnen verbringen sollte. Vielmehr sollten Sie sich in Ihren Freunden wiederfinden können. Teilen Sie mit Ihren Freunden dieselben Visionen und Hoffnungen für die Zukunft? Gehen Sie samstags zusammen Bowling spielen? Träumen Sie von ein und derselben Welt? Wenn ja (Bowling müssen Sie nicht unbedingt jeden Samstag spielen gehen), herzlichen Glückwunsch, Sie haben einen wahren Seelenfreund gefunden. Und wenn die Antwort Nein lautet, warum ist Ihnen Ihre Zeit nichts wert?

Sollten Sie bemerken, dass Sie jemand in Ihrer Entwicklung zurückhält, so brauchen Sie sich an diesem Menschen nicht festzuhalten! Passen Sie ebenfalls darauf auf, andere in ihrer Entwicklung nicht zu behindern – "Leben und leben lassen" heißt das höchste Gebot, dem Sie im Leben unbedingt folgen müssen, um als Persönlichkeit wachsen zu können. Erlauben Sie sich und Ihren nahen Mitmenschen, sich zusammen auf eine spannende Reise ins Unbekannte zu begeben, und Sie werden nicht davon enttäuscht sein, was da im Schatten verborgen auf Sie gemeinsam wartet.

Das Glück kommt nicht von allein

Wollen wir immer das, was wir nicht haben können? Je älter wir werden, desto mehr ändern sich unsere Visionen für das Leben. Früher, als die Weihnachtszeit endlich angebrochen war, haben wir immer so gerne Briefe an den Weihnachtsmann geschrieben, in denen wir ihn um alles Mögliche gebeten haben. Mit fünf Jahren war es ein Fahrrad, mit zehn Jahren waren es wahrscheinlich Rollschuhe. Später wollte man unbedingt das neueste Handy haben, um in der Schule genauso cool wirken zu können wie seine Altersgenossen. Erst nach Jahren haben wir eingesehen, wie vergänglich unsere "Bedürfnisse" eigentlich waren. Dabei ist das einzig Wertvolle im Leben unser persönliches Glück – und genau darum drehen sich all unseren Bemühungen. Und trotzdem läuft jeder, der dem Glück hinterherrennt, daran vorbei. So erging es auch einem unserer Klienten beim Universum, der glaubte, das Glück außerhalb von sich selbst finden zu können. Er dachte, dass ihm ein wohlhabendes Leben Zufriedenheit bringen könnte. Er konnte sich alles leisten, was man sich je wünschen könnte: ein teures Auto, neueste Markenkleidung, ein zweistöckiges Ferienhaus am Bodensee und vieles mehr. Dadurch wollte er den Mangel an Liebe in seinem Leben kompensieren. Doch die materiellen Güter allein reichten ihm nicht, um sich vollkommen zu fühlen. Er hatte einen einzigen, ganz bescheidenen Wunsch: den Wunsch nach Glück. Und so hat er sich eine kleine Portion Glück beim Universum bestellt. Sein Wunsch war nicht unerfüllbar, das Universum hat ihn allerdings vor eine Aufgabe gestellt: das Glück selbst in sein Leben zu ziehen. Erst nachdem er diese Aufgabe bewältigt hat, wäre ein glückliches Leben für ihn garantiert.

Von da an hat er angefangen, auf eine andere Art und Weise auf das Leben zu blicken. Auf einmal konnte er Liebe überall um sich herum erkennen – im Park, wo Frauen Kinderwagen schieben und die Babys ihre Mütter so liebevoll anlächelten, auf der Straße, wo junge Menschen den Älteren halfen, die Straße zu überqueren, im Supermarkt, wo man die anderen vorließ, weil man es ohnehin nicht eilig hatte... Die Liebe, die er nun in der äußeren Welt erkannt hat, floss wie durch ein Wunder in seine Seele ein. Und so können auch Sie alles in Ihr Leben einladen, was Ihnen bisher gefehlt hat.

Die Methode, die man für diesen Zweck anwendet, nennt sich das Gesetz der Anziehung. Dabei geht es hauptsächlich darum, sich auf bestimmte Dinge und Situationen im Leben auszurichten und diesen die volle Aufmerksamkeit und Energie zu geben. Manchmal kommen uns manche Vorgänge im Leben als glückliche Zufälle oder gar als festes Schicksal vor. In Wirklichkeit steht dahinter die pure Absicht, schöne Emotionen im eigenen Leben hervorzubringen. Wenn uns die Schönheit im Leben fehlt, kreieren wir diese eben in uns selbst – nämlich, indem wir mit unseren Gedanken spielen und ihnen freien Lauf lassen. In der Welt der Fantasie, die sich in unserem Kopf befindet, sind den vielfältigen Möglichkeiten keine Grenzen gesetzt.

Traut man sich aber endlich, die Unordnung in seinem vollen Kopf wegzuräumen und Platz für neue, helle Gedanken zu schaffen, passieren echte Wunder. Ihr neues Leben ist nur ein Gedanke von Ihnen entfernt. Seine eigene Welt zu verändern, war noch nie so einfach. Jeder noch so kleine Wille könnte helfen, Sie in eine positive Richtung zu bringen. Also – ab ins kalte Wasser!

Leben aus dem Geist

Der Mensch lebt nicht vom Brot allein. Seit Jahrtausenden leben der Geist, die Seele und der Körper mit sich im Einklang. Jedem lebenden Geschöpf wurde ein Körper gegeben, um sich im Universum bewegen und es erkunden zu können. Der Geist des Lebens kann sich mit Wort und Bild ausdrücken und sich auf diese Art und Weise mitteilen. Nur noch die Seele ist das verbindende Element, das den Menschen erst zum Menschen macht. Und trotzdem bleibt sie ständig schweigsam, einer rätselhaften Erscheinung ähnlich. Nicht selten wird im Alltag die Verbindung zwischen den drei unterbrochen.

Der Körper hält uns am Leben, doch die Seele schafft die Voraussetzungen dafür, dass er jede Schwierigkeit überwinden und überhaupt durchstehen kann. Unsere Seele ist das göttliche Geschenk, durch das wir die Verbindung zum Transzendenten erleben dürfen. Die Seele des Menschen kann jedoch verkümmern, wenn man ihre geistigen Fähigkeiten nicht regelmäßig genug "trainiert" – genauso wie die Muskeln des Körpers. Der Körper und die Seele ergänzen und ermöglichen sich gegenseitig: Durch den Körper kann der menschliche Geist die erlebte und durch die Seele die gefühlte Wirklichkeit wahrnehmen. Damit entfällt ein großer Teil der Persönlichkeitsentwicklung auf die "Wiedervereinigung" des Körpers mit der Seele. Erst wenn die Balance der innermenschlichen Energien wiederhergestellt wird, kann man die Schnittstelle zwischen dem Menschlichen und dem Göttlichen für sich entdecken und in die wundervolle Seelenwelt eintauchen.

WORIN SICH DIE SPIRITUALITÄT DES MENSCHEN AUSDRÜCKT

In Talkshows hören wir häufig von Promis, die behaupten, die

Verbindung zu sich selbst wiedergefunden und dadurch ein neues, spirituell aufgeladenes Leben begonnen zu haben. Und tatsächlich kommen uns diese Menschen dann irgendwie verändert vor – ihre Gesichter strahlen Weisheit und Gelassenheit aus, von denen früher keine Spur war, sie sprechen ruhig und mit einem Hauch Selbstironie. Das sind alles Zeichen dafür, dass sie sich von innen heraus zu höheren Geschöpfen gewandelt haben. Um sich und seine Seele zu verändern, braucht man allerdings keinen Besuch bei Oprah – der Wille allein kommt Ihnen zur Hilfe. Das Potenzial der Seele für die Rettung des Menschen liegt in ihrer Fähigkeit, den Menschen sowohl positiven als auch negativen Emotionen auszuliefern.

Dank der Erfahrungen, die der Mensch mit der Welt der Gefühle gemacht hat, kann er als Persönlichkeit wachsen. Kennen Sie das Gefühl, Sonntagnachmittags im Herbst auf der Veranda mit einer heißen Tasse Kräutertee in der Hand zu sitzen, dem leisen Zirpen der Grillen im Garten zu lauschen, den Sonnenuntergang zu beobachten und sich dabei einfach wohlzufühlen, ohne zu wissen, warum? Ungefähr so fühlt es sich an, im Frieden mit sich selbst zu sein. Nicht nur alte weise Männer und abgehobene Promis können diese spirituelle Schwelle erreichen – jeder, der die Kontrolle über seine Gefühle übernehmen kann, ist in der Lage, sich selbst ins Licht des Tages zu führen. Sich draußen in der kalten und unsicheren Welt geborgen zu fühlen, weil man weiß, dass eine transzendente Macht über einen wacht und sein Leben schützt, Großzügigkeit und Toleranz in kritischen Situationen zu zeigen, seine Dankbarkeit für jede kleine Geste zum Ausdruck zu bringen, seinen Gleichmut unter allen Umständen zu bewahren – das sind alles kleine Schritte, die wir jeden Tag unternehmen können, um unsere geistige Entwicklung in die "richtige" Richtung zu lenken.

Während wir die Vorgänge in der äußeren Welt nicht kontrollieren können, können wir das mit unserer inneren Welt sehr wohl machen. Die Entscheidungen, die wir im Alltag bewusst treffen, tragen zur

Entwicklung von Tugenden im inneren Kern der Menschlichkeit bei. Eine wichtige Tugend, die jeder Abenteurer auf der Reise ins Unbekannte erlernen sollte, ist übrigens die Geduld, denn: "Wer nicht warten kann, kann auch nichts mehr erwarten". Gute Ergebnisse kommen einerseits nicht von allein und andererseits ganz sicher nicht sofort. Wie kann man sich selbst eigentlich in Geduld üben? Es fängt alles im Kopf an. Man muss sich ständig einreden, dass bestimmte Dinge einige Zeit in Anspruch nehmen, um an Wirkung gewinnen zu können. So überzeugt man sich selbst von der Notwendigkeit der eigenen Geduld. Wenn wir geduldig bleiben, lassen wir das Universum an seinen Aufgaben arbeiten. Und genau dann ist das Universum am ehesten geneigt, unsere Wünsche in Betracht zu ziehen. Wer dieses Geheimnis der universellen Ordnung verinnerlicht hat, hat einen großen Vorteil in seiner geistigen Entwicklung entdeckt. Genau darauf kommt es im Leben an – das Potenzial, das in den vielen kleinen Dingen steckt, zu erkennen, um es dann mit voller Kraft im Alltag umsetzen zu können.

Die vielen kleinen Dinge

Viele Menschen meinen, dass man die kleinen Dinge genießen müsse, weil sie das Leben großartig machen würden. Doch was versteht man unter "kleinen Dingen"? Sind das etwa kleine Hundebabys, die mit dem Schwanz zu wedeln anfangen, in dem Moment, wenn man nach einem langen Tag endlich nach Hause kommt? Oder sind das eher die kleinen Geschenke, die man seinen lieben Freunden ab und an ohne besonderen Anlass macht – einfach so, um sie wissen zu lassen, wie sehr man sie schätzt? Die Antwort ist: Ja und nein. Es ist eine Frage des Blickwinkels. Die kleinen Dinge sind das, was unser Herz höherschlagen lässt. Sie sind der Sinn, der hinter allem Großartigen steckt.

Für manche Menschen bedeutet dies das Lächeln ihrer Lieblingsmenschen, wenn man sich ewig nicht gesehen hat, oder auch der süße Duft nach frischgebackenen Keksen am Weihnachtsmorgen. Für andere sind es eben Hundebabys und Gelegenheitsgeschenke. So oder so – die kleinen Dinge halten die Welt am Laufen. Es sind die kleinen Wunder, die uns dazu inspirieren, die Welt in uns selbst schöner zu gestalten.

Wenn wir diesbezüglich achtsam werden, wird auch der persönliche Weg der Erkenntnis klarer. Wie oft haben Sie schon innegehalten beziehungsweise sind Sie vom gewohnten Weg abgewichen, um die Rosen zu riechen? Es ist, als würde die schnelllebige Welt in solchen Momenten für eine Sekunde stehen bleiben. Diese Sekunden der puren Freude wurden uns dafür gegeben, um sich bewusst zu werden, dass alles im Leben vergänglich ist und nur das Hier und Jetzt wirklich von Bedeutung sind. Wir könnten morgen weg sein – also sollten wir das Heute genießen, als gäbe es kein Morgen.

Das genau ist der Zweck hinter den vielen kleinen Dingen – sie stellen eine Art Augenöffner dar. Wenn wir den Überblick im Leben verloren haben, erscheinen sie selbst vor unseren Augen, um uns daran zu erinnern, dass der Sinn nur eine Hand entfernt ist. Die kleinen Dinge bereiten uns auf das große Leben vor. Wenn wir nicht achtsam genug sind, zieht das Leben an uns vorbei, ohne dass wir jemals richtig gelebt haben. Man kann nicht sein ganzes Leben lang in der eigenen Blase leben. Irgendwann kommt man mit der realen Welt in Berührung. Und sie kann manchmal gnadenlos sein, wenn man nicht nach ihren Regeln spielt. In so einer Welt kann man nur dann überleben, wenn man eine starke Persönlichkeit aufbaut.

Sie fragen sich an dieser Stelle wahrscheinlich, woraus die Grundlage einer solchen Persönlichkeit besteht. Wenn Sie das nicht erraten können – die Antwort ist einfach: Es sind die kleinen Dinge. Wer ihre Kraft erkannt hat, hat bereits einen ersten Einblick ins Transzendente bekommen. Die vielen kleinen Freuden befinden sich überall um uns herum, jedoch beachten wir sie so gut wie nie. Wir sind so beschäftigt mit dem Trivialen, dass wir gar nicht einsehen können, dass eine Welt außerhalb der vier Wände unseres eigenen Verstandes existiert. Erst wenn wir unsere Augen für das Wichtige im Leben – die kleinen Dinge – geöffnet haben, wird sich uns der göttliche Sinn der Transzendenz offenbaren, der unser Leben größtenteils beeinflusst. Und dann wird plötzlich alles im Universum vollkommen klar für uns sein.

"WAS KEIN AUGE GESEHEN UND KEIN OHR GEHÖRT HAT"

Unabhängig davon, wie wir sie nennen – den lieben Gott, das Universum, das Schicksal oder das Karma –, es existiert in unserem Leben eine unsichtbare Hand, die die Räder unseres Daseins in Bewegung setzt. Nicht alles, was uns im Alltag widerfährt, kann logisch erklärt werden. Deshalb reden wir uns ein, es müsste eben so sein, manche Dinge seien so gut wie vorbestimmt – was auch immer passieren muss, wird passieren. Das Universum hat einen genau strukturierten Plan erstellt, nach dem alles auf seinem Hoheitsgebiet abzulaufen hat.

Wenn wir spät abends an einem sommerlichen Freitag mit offenen Fenstern ziellos durch eine Gegend fahren, empfinden wir jedes Mal unvermeidlich ein angenehmes Gefühl – das Gefühl der Zeitlosigkeit. Oder wenn wir Orte besuchen, an denen wir schon seit Ewigkeiten nicht mehr gewesen sind, wie etwa unsere alte Schule. In solchen Momenten herrscht absolute Stille und Geordnetheit überall um uns herum – dann offenbart sich die Transzendenz uns. Um sie erkennen zu können, müssen wir ein hohes spirituelles Niveau erreichen, indem wir Achtsamkeit im Alltag üben. Als wir klein waren, haben wir an alles Mögliche geglaubt – an die Zahnfee, an den Weihnachtsmann, an den Osterhasen... Für ihre Existenz haben wir nie wirklich Beweise gebraucht. Wir haben einfach bedingungslos an die Idee von etwas Magischem, das das Gute in sich trägt, geglaubt.

So kann auch keiner von uns eindeutige Beweise für die Existenz dieses außergewöhnlichen Phänomens hervorbringen und trotzdem hat jeder mindestens einmal im Leben diesen Kitzel der Ewigkeit zu spüren bekommen. Wenn die Transzendenz plötzlich vor uns erscheint, heißt das, dass wir mit dem eigenen Selbst in Verbindung getreten sind und jede geistige Aktivität überschritten haben. Es ist genug, wenn wir eines im Kopf behalten: Nichts kann schiefgehen, solange diese eine unsichtbare Kraft über unserem aller Leben wacht. Heutzutage können wir nur schwer Zielvorstellungen für unser Leben formulieren, die über die gängigen Klassiker-Klischees "Erfolg", "Vermögen" und "Finanzstabilität" hinausgehen. Wenn wir dem Materiellen im Leben die Oberhand geben, fügen wir unserer Seele unfassbaren Schmerz zu, unter dem der Mensch als Ganzes leidet. Um dies zu verhindern, müssen wir selbst die Transzendenz in unser Leben einladen.

Diese Einladung wird aber erst dann angenommen, wenn wir die Wandlung zu ganzheitlichen Menschen durchgemacht haben. In Wirklichkeit befinden sich Teilchen von Spiritualität überall um uns herum. Um sie sehen zu können, muss man kein Wahrsager oder Hellseher sein. Man muss einfach spirituell erwachen und sein wahres Ich erkennen. Um dies zu erreichen, müssen Sie kleine Schritte mit großer Wirkung unternehmen: Als Erstes sollten Sie begreifen, dass Ihr eigenes Wohlbefinden genauso wichtig ist wie das der anderen Menschen. Nach dieser Maxime sollten Sie Ihr Leben entsprechend ausrichten.

Stellen Sie Ihr Ego so weit wie möglich zurück und denken Sie zuerst an die anderen. Versuchen Sie, freigiebiger im Alltag zu werden. Und vergessen Sie nicht, dass Sie von Wut, Enttäuschung und anderen negativen Emotionen frei werden müssen, um mehr Platz für die Liebe in sich einräumen zu können. Erst wenn Sie im echten Sinne spirituell erwacht sind, werden Sie die Welt mit neuen Augen sehen. Um den Sinn hinter den kleinen Dingen verstehen zu können, müssen Sie aber erst einmal ein Empfinden für die wertvolle Achtsamkeit entwickeln.

Mehr Achtsamkeit im Alltag

Wenn wir abends ins Bett gehen, denken wir nicht über die Schwierigkeiten, die im Laufe des Tages entstanden sind, oder über den Ärger, den die Kollegen während der Mittagspause verursacht haben, nach. Vielmehr erinnern wir uns an die kleinen Kinder, die uns auf dem Weg zur Arbeit angelächelt haben oder auch an die Katzenvideos, die uns die sechsjährige Nichte am Handy ihrer Mutter gezeigt hat. Wir denken nicht so gerne an das Böse im Alltag und wollen stattdessen in allem das Gute sehen, auch, wenn wir dafür die Wahrheit ein kleines bisschen verdrehen müssten. Vieles, was unser Bewusstsein beschäftigt, ist entweder keinen zweiten Gedanken wert oder nicht änderungsfähig. Man ist sich häufig nicht darüber bewusst, dass man unter den eigenen Gedanken leiden kann. Eine ähnliche Geschichte kann einer unserer Klienten beim Universum erzählen. Er wünschte sich, alle negativen Gedanken, die ihn verfolgten und ihm den Schlaf raubten, von seinem Leben vollständig vertreiben zu können.

Das Universum hat ihm dann den richtigen Weg – den Weg des achtsamen Lebens – gezeigt. Er war kein Mensch, der üblicherweise an Wunder glaubte. Nach diesem einen Tag hat sich jedoch alles verändert – sowohl in der Außenwelt als auch in seinem vollen Kopf, der nun wie durch ein Wunder geklärt wurde. Nichts mehr war so wie vorher – er konnte jetzt den gesamten Weg seines Atems verfolgen, während er ein- und ausatmete. Er konnte jedes kleine Muskelchen in seinem Körper wahrnehmen, es anspannen und wieder entspannen, wann immer er wollte.

Das Essen hatte jetzt einen außergewöhnlichen Geschmack, denn er konnte Geruch, Form, Farbe und Konsistenz in vollem Umfang wahrnehmen. Achtsam zuhören konnte er auch, weil er nicht mehr mit seinen eigenen Gedanken beschäftigt war, sondern vielmehr mit dem, was sein Gegenüber zu sagen hatte. Er war nämlich sein eigener Herr geworden – Herr der Lage, Herr seiner Sinne, Herr seiner Gefühle und Gedanken. Das werden Sie alles können, wenn Sie das Universum um etwas

Unterstützung in Ihrer Sache bitten würden. Dann werden Sie lernen, was für eine große Wirkung Sie auf Ihre Umwelt haben und wie wichtig es ist, keine Spuren in ihr zu hinterlassen. Mit etwas mehr Achtsamkeit im Alltag wird unser Leben vollwertiger und bunter. Wenn man den Grad seiner Aufmerksamkeit erhöht, verschafft man sich ein volles Bild von der wunderschönen Welt, in der wir alle leben.

Auf einmal ist das Lied der Vögel nicht nur ein lautes Gezwitscher, sondern ein musikalischer Genuss für die Ohren. Auf einmal runzeln wir nicht mehr die Stirn, wenn es aus dem Nichts anfängt, zu regnen, denn wir wissen – ohne Regen gibt es keinen Regenbogen. Und stattdessen fangen wir an, im Regen zu tanzen – ein bisschen Spontanität muss ja sein, um das bittere Leben zu versüßen. Wenn Sie die Kunst der Achtsamkeit beherrschen, werden Sie schnell bemerken, wie leichtfertig Sie früher mit Ihrer Zeit umgegangen sind. Die Sekunden, die Minuten, die Stunden, die Tage – sie ziehen unbemerkt an uns vorbei. Der gestrige Tag wird nicht wiederkommen – und genau deshalb ist er alles, was wir im Hier und Jetzt haben. Mit etwas Achtsamkeit kann jeder von uns lernen, das Beste daraus zu ziehen. Das kann nur dann passieren, wenn wir unser Herz und unsere Augen für das Schöne im Leben offenhalten.

Die Zeit heilt alle Wunden

Veränderung geht nicht von heute auf morgen. Wir wurden mit einer bestimmten Persönlichkeit geboren und werden wahrscheinlich mit einer anderen sterben. Ein großer Teil unseres Lebens besteht darin, an uns selbst zu arbeiten und sich als Persönlichkeiten zu entwickeln. Doch manchmal verfolgt uns ein gruseliges Monster überall, wo wir hingehen – das ist nämlich unsere Vergangenheit. Wenn wir keinen Frieden mit ihr schließen, kann dies schwere Konsequenzen für uns und unsere spirituelle Entwicklung haben.

Genauso wie die Wellen im Meer bleiben wir Menschen nie in einem festen Zustand.
Die menschliche Natur unterliegt einer ständigen Wandlung. Wer behauptet, noch nie Fehler in seinem Leben gemacht zu haben, darf sich nicht "Mensch" nennen – denn nur die Götter und Göttinnen sind fehlerfrei. Fehler zu machen, sie zuzugeben und daraus lernen zu können – das ist, was uns spezifisch menschlich macht. Keiner kann sagen, dass alles in seiner Vergangenheit perfekt war. Man kann aber im Hier und Jetzt alles versuchen, um die Fesseln der Vergangenheit zu sprengen und die Wunden, die sie in unserer Seele hinterlassen hat, zu heilen.

Ohne sich mit der Vergangenheit zu versöhnen, kann man im Leben nicht weitergehen – sie wird einen jedes Mal zurückziehen, wenn man es am wenigsten erwartet. Unser Leben ist ein Film, in dem wir die Hauptrolle spielen. In diesem Film sind wir gleichzeitig Regisseure, Produzenten und Drehbuchautoren – wir dürfen seinen Ablauf vom Anfang bis zum Ende selbst bestimmen. Also, worauf warten Sie noch? Lichter, Kamera, Action – und los!

WO STEHEN SIE IM LEBEN?

Als wir jung waren, wollten manche von uns Astronauten werden. Andere wollten Ärzte, Anwälte oder sogar Prinzessinnen werden. Heute sind wir erwachsen und nur noch die wenigsten von uns können mit Sicherheit sagen, dass sie ihre Kindheitsträume verwirklicht haben. Als wir älter wurden, haben wir eingesehen, wie albern manche unserer Träume waren. Und trotzdem hat sich das Gedankenkarussell im Kopf jede Nacht im Kreis gedreht: "Was wäre, wenn?". Menschenskeptiker meinen, der Mensch wäre nichts mehr als Sternenstaub und zerbrochene Träume. In unserem Leben kennen wir viele Beispiele für solche Menschen, zu denen das Schicksal nicht allzu lieb war, obwohl diese eigentlich viel mehr verdient haben als das, was am Ende herauskam. In diesen Worten können Sie wahrscheinlich Freunde, Bekannte oder sogar sich selbst wiedererkennen.

Das ist so in Ordnung, weil: Wenn jeder das bekommen würde, was er vom Leben wollte, würde diese Welt auseinanderbrechen. Manche müssen eben weniger als andere bekommen, damit die Balance im Universum erhalten bleibt. Das bedeutet aber nicht, dass das Universum uns ungerecht behandelt. Es lässt unsere Träume aber nur dann wahr werden, wenn wir sie klar ausdrücken und uns dann zuerst einmal selbst um ihre Verwirklichung bemühen. Wir sind jung. Wir haben noch das ganze Leben vor uns und viele frische Kräfte, um das zu erreichen, was wir schon immer vom Leben wollten.

Mithilfe unseres starken menschlichen Willens können wir nach den Sternen greifen. Das Potenzial, das in jedem von uns steckt, ist mehr als genug, um alle unsere Träume verwirklichen zu können. Der Prozess der Selbstverwirklichung beginnt jedoch im Hier und Jetzt und das ist etwas, worüber sich die meisten Menschen nicht im Klaren sind. Erst wenn man eine Antwort auf die Frage "Wo stehe ich eigentlich im Leben?" gefunden hat, kann man Pläne für seine Zukunft schmieden. Ziele können nicht von heute auf morgen erreicht werden - es reicht, wenn man einen klaren Fortschritt in seiner bisherigen Entwicklung verzeichnen kann. Wollten Sie früher vielleicht Künstler werden?

Wenn Sie heute immer noch nicht an dem Punkt angelangt sind, wo Sie damit prahlen können, dass Ihre Gemälde neben den Gemälden Claude Monets im Kunstmuseum hängen, ist das kein Grund, an sich selbst zu verzweifeln, wenn Sie fünf Jahre lang auf eine Kunsthochschule gegangen sind und schon seit Jahren eine freiberufliche Tätigkeit auf dem betreffenden Gebiet ausüben. Keiner weiß, ob Sie der nächste Leonardo da Vinci werden - vielleicht nicht oder vielleicht doch. Ihre Bemühungen sind genug und sie werden sich eines Tages auszahlen. Sie sind genug und nichts, was sie bisher für Ihre Träume geopfert haben, war umsonst - die unsichtbare Hand, die über uns allen wacht, wird Sie reich für Ihren unermüdlichen Fleiß belohnen.

Wir Menschen geben nicht so einfach auf, bis wir die Ergebnisse, für die wir so hart gekämpft haben, sehen. Auch Sie müssen mehr Vertrauen in sich und Ihre Fähigkeiten gewinnen. Sie kennen wahrscheinlich den Spruch "Wer fällt und wieder aufsteht, besitzt mehr Stärke als jemand, der noch nie im Dreck gelegen hat". Sie besitzen mehr Stärke, als Sie glauben. Mit ihr lässt sich auch mehr erreichen, als Sie sich je vorstellen könnten.

Wie man aus vergangenen Fehlern lernt

Wir sind alle nur Menschen. Wir machen so häufig Fehler, dass wir sie gar nicht mehr zählen können. Fehler zu machen, liegt in unserer Natur. Doch ihre Auswirkungen können manchmal schwer ausfallen und uns schwer seelisch verletzen. "Wer Fehler gemacht hat, hat meistens nur Erfahrung gesammelt", meinte einmal der große irische Schriftsteller Oscar Wilde. In seiner Aussage steckt tatsächlich ein kleines Stückchen Wahrheit. So haben die Menschen vor tausenden von Jahren geglaubt, die Sonne würde sich um die Erde drehen. Doch ein helles Köpfchen wollte diese offensichtliche Lüge nicht wahrhaben und konnte durch seinen Ehrgeiz das Gegenteil beweisen. Dank seiner nützlichen Erkenntnisse besteht heutzutage kein Zweifel mehr, dass unsere Erde tatsächlich ein Teil des sogenannten heliozentrischen Weltsystems ist. Der Fehler, der den Vorgängern von Kopernikus unterlaufen ist, hat nur dazu beigetragen, die "wahre Wahrheit" über die Welt, in der wir leben, zu finden. Diese Entdeckungsgeschichte ist ein gutes Beispiel für die Art und Weise, auf die wir mit unseren Fehlern umgehen sollten.

Wir müssen nämlich lernen, dass Fehler auf dem Weg zum Erfolg unvermeidlich sind. Und trotzdem brauchen wir sie, um uns weiterentwickeln zu können. Fehler zeigen uns selbst, was wir nicht können. Dem Menschen gefällt es nicht, wenn er nicht fähig ist, das zu bewirken, was er will. Schließlich wollen wir ja alle "Alleskönner" und wenn möglich auch noch "Besserkönner" sein. Wenn wir "dumme Fehler" im Alltag begehen, entsteht als Erstes die Frage, "Warum ist das so?". Unsere Neugierde und unser Interesse werden als Folge geweckt, um den Fehler als solchen begreifen zu können. Die Zahnräder im Kopf drehen sich immer wieder, bis man zur Wurzel des Problems vorgedrungen ist. Am Ende dieses Prozesses haben wir neue Kenntnisse und Fähigkeiten erworben, die sich in Zukunft als sehr praktisch erweisen werden.

Es gibt also stets eine Möglichkeit, Fehler aus einem anderen Blickwinkel zu betrachten, denn sie sind so gut wie nie schlimm. Vielmehr sollten wir vermeiden, über Fehler nachzudenken, die schon lange in der Vergangenheit liegen. So können wir eine gute Fehlerkultur entwickeln, indem wir lernen, auch einmal über die eigenen Fehler zu lachen. Das lässt uns größer als unsere Schwächen erscheinen und zeigt, dass wir mental erwachsen sind. Wenn wir einmal über den Tellerrand hinausschauen würden, könnten wir mit anderen Augen auf die Welt blicken. Schließlich bedeutet ein Fehler, den wir in der Vergangenheit aus Nachlässigkeit begangen haben, nicht das Ende der Welt – nicht einmal das Ende unserer kleinen, fast nichtigen Welt.

Entschuldigen Sie sich selbst, falls dieser Fehler emotionale Schäden in Ihnen verursacht hat, und machen Sie stur weiter! Kein Mensch hat es verdient, mit der Last seiner Vergangenheit zu leben. Wenn wir nicht lernen, unsere Fehler zu akzeptieren, tragen wir nur dazu bei, dass sich Betrübnis und Wut in uns anhäufen. Es geht aber auch anders. Wir könnten unsere eigenen Fehler überwinden, die schmerzliche Vergangenheit hinter uns lassen und endlich die Bedeutung von "Leben ohne Reue" verstehen. Dies kann nur dann zustande kommen, wenn wir über uns hinauswachsen und die Schale unseres alten Ichs knacken. Nur, weil Sie nicht fehlerfrei sind, brauchen Sie sich Ihr ganzes Leben lang nicht hinter einer Maske zu verstecken. Vergessen Sie nicht: Sie sind auch nur ein Mensch und dürfen Ihr Leben in vollen Zügen genießen – lassen Sie sich also von nichts und niemandem aufhalten und leben Sie so, wie Sie wollen!

KEIN GRUND, SICH ZU BEEILEN

Manchmal fühlt sich das Leben so schwer an, dass man sich wünscht, man könnte die Welt anhalten und gleich abhauen. Nicht selten denken wir darüber nach, wie schön es wäre, wenn wir zu unserer Kindheit zurückkehren könnten. Dann würden wir nicht mehr darüber meckern, wie wir kein Mittagsschläfchen halten wollen und wie lästig es eigentlich ist, nichts ohne die freundliche Hilfe von Mama und Papa machen zu dürfen. Die Geborgenheit aus den vergangenen Jahren zieht uns mit fortschreitender Zeit mehr und mehr an.

Unser Leben ist so anstrengend geworden, dass wir am liebsten alles hinter uns lassen und uns in die Decke einrollen würden, sobald sich eine Möglichkeit dafür ergibt. So verlockend es sich auch anhört, ist ein Leben im Schatten der Vergangenheit für viele von uns keine Option. Wir wurden mit einem Leben beschenkt, in dem es kein Zurück gibt. Die vielen Emotionen, die wir jeden Tag erleben dürfen – seien sie positiv oder negativ – werden von jedem Einzelnen von uns auf eine einzigartige Art und Weise wahrgenommen.

Damit kann keiner wirklich sagen, er hätte sich jemals wie ein anderer gefühlt. Jedes Mal, wenn wir versuchen, unsere Gefühle zu verdrängen oder Emotionen aus den guten alten Zeiten in uns zu wecken, verfehlen wir das Leben. Eigentlich sollten wir jede Sekunde, jede Minute und jede Stunde zu schätzen wissen. Trotzdem ist uns heutzutage unsere Zeit für nichts mehr zu schade – wir müssen ja schließlich unsere acht Stunden Schlaf kriegen, acht Stunden am Tag arbeiten und die restlichen acht Stunden unserer lieben Familie widmen. Wo bleibt dann die wertvolle Zeit für uns selbst? Die Wahrheit ist, dass wir nie die Zeit für etwas finden werden, wenn wir sie nicht selbst schaffen. Manchmal kommen uns die paar Minuten Auszeit, die wir uns ab und an gönnen dürfen, wie eine ganze Ewigkeit vor. Kaum ist die Mittagspause vorbei, können wir nicht mehr warten, unsere Arbeit für heute fertig zu machen. In der Welt von heute ist "Härter, besser, schneller, stärker" das höchste Gebot. Wer sagt, dass Zeit Geld ist?

Am Ende wird sich doch keiner von uns an die unzähligen Überstunden erinnern, die er in fleißiger Arbeit im Büro verbracht hat. Vielmehr werden wir diejenigen Momente in unserem Gedächtnis behalten, die unser Herz höherschlagen ließen und uns den Atem geraubt haben. Wir wissen nie, wann diese Momente in unser Leben treten werden. Manchmal rechnen wir mit dem Schlimmsten und gerade dann lächelt das Schicksal auf uns herab. Erst wenn sich die schönsten Momente unseres Lebens in ferne Erinnerungen verwandelt haben, kommen wir dazu, den Wert des jetzigen Moments und die Gabe eines jeden Tages anzuerkennen. In unserem Dasein schwanken wir ständig zwischen gestern und morgen und bleiben nur noch selten im Hier und Jetzt stecken. Das Leben vergeht direkt vor unseren Augen und wenn wir den heutigen Tag nicht nutzen, wartet er auch nicht ewig auf uns.

Nichts dauert ewig und genau deswegen sollten wir lernen, unsere kostbare Zeit zu schonen, bevor alles vorbei ist. Lassen Sie sich Zeit für das Wertvolle im Leben und schauen Sie nur dann zurück, wenn Sie sehen wollen, wie weit Sie gekommen sind!

Mit Selbstbewusstsein in die Zukunft

Haben Sie einmal darüber nachgedacht, was Sie in Ihrem Leben richtig stolz macht? Früher waren das wahrscheinlich die tollen Sandburgen, die wir im Urlaub am Meer gebaut haben, oder sogar die kleinen Baumhäuschen, die wir mit Hilfe unserer Kindheitsfreunde errichtet haben. Heute haben wir weit wichtigere Prioritäten im Leben als das Bauen von Sandburgen und Baumhäusern. Wir tragen die Verantwortung für unsere Arbeit, unsere Kinder, unsere Seele... In diesem Meer voller Verantwortlichkeiten ist es leicht, sich selbst zu verlieren. Wir sind viel mehr als das, was andere von uns erwarten.

Während es wenig Sinn ergibt, sein eigenes Leben nach fremden Standards zu leben, ist es durchaus sinnvoll, unsere Lebenszeit voll und ganz der Selbstfindung zu widmen. Die Persönlichkeitsentwicklung ist eine jener Aufgaben im Leben, die nicht nur unsere Gedanken, sondern auch unser Gewissen und unser Herz beschäftigen. Wenn wir den oberflächlichen Dingen im Leben den Vorzug gewähren, vernachlässigen wir die Bedürfnisse unserer Seele. Hören wir aber unserer inneren Stimme zu, kann nichts schiefgehen.

Die Seele weiß, was ihr selbst guttut. Die Schwierigkeiten, mit denen wir kurzzeitig zu tun haben, sind vergänglich – an ihre Stelle werden später wahrscheinlich andere treten und so weiter und so fort. Von uns hängt jedoch ab, ob wir im Alltag einen Teufelskreis oder die Chance, an uns selbst zu arbeiten, sehen. Je mehr von diesen Schwierigkeiten wir jeden Tag bewältigen, desto schneller bauen wir Vertrauen in uns selbst auf. Mit dem Vertrauen kommt das wertvollste Gut, das wir Menschen kennen: Das Selbstbewusstsein, das den heiß begehrten inneren Frieden ins Herz bringt. Doch was genau bedeutet Selbstbewusstsein?

Selbstbewusstsein ist das Ergebnis jahrelanger Erkundung der Tiefen des Selbst. Erst wenn wir Selbstbewusstsein erlangen, können wir die Weichen in unserem eigenen Leben stellen, Niederlagen einräumen und Erfolge bewirken. Dann werden auch die eigenen Makel zu persönlichen Stärken und man vergleicht sich nicht mehr ständig mit den anderen, weil man begriffen hat, dass man niemandem gefallen muss! Das Selbstbewusstsein erlaubt es, uns selbst mit anderen Augen zu sehen – egal, was die anderen von uns halten, wir können unseren hohen Wert als einzigartige Lebewesen erkennen.

Die eigenen Gefühle und Bedürfnisse stellen wir nicht mehr in den Schatten – wir wissen, was wir wollen und wie wir es bekommen. Wir lassen uns nicht mehr von dem eigenen Mangel an Selbstbewusstsein krank machen, denn wir haben die Stärke des Selbstglaubens für uns neu entdeckt! Halten Sie einen Moment inne und denken Sie darüber nach, wie viele Möglichkeiten Sie in Ihrem Leben verpasst haben, nur weil Ihnen damals das nötige Selbstbewusstsein gefehlt hat. Haben Sie schon einmal ein Arbeitsangebot, das genau zu Ihrem Profil gepasst hat, abgelehnt, weil Sie dachten, Sie wären dafür nicht geschaffen? Wie oft haben Sie nicht gewagt, Ihre Meinung in einer kritischen Situation laut und deutlich zu vertreten, weil Sie sich vor dem Urteil der anderen gefürchtet haben? Wie oft haben Sie sich für sich selbst geschämt, weil Sie nicht wie die anderen waren?

Das muss nicht mehr sein! Wie wäre es damit, wenn Sie endlich aufwachen und ein neues Leben beginnen würden? Es ist alles leichter, als man denkt – und nur einen kleinen Wunsch an das Universum entfernt. Wir vergessen sehr oft, dass die Kontrolle über unser Leben in der eigenen Hand liegt. Mit etwas gutem Willen können wir nicht nur uns selbst, sondern auch noch die Welt um uns herum verändern. Übrigens, Wunder geschehen wirklich – allerdings erst, wenn wir die Kraft dafür aufbringen, an uns selbst zu glauben.

Ein Selbstfindungstest

Beantworte die Fragen im folgenden Abschnitt und finde mehr heraus über dich, darüber, wie du mit anderen harmonierst, wo du dich sicher und stark fühlst und was dich unsicher macht. Kreuze zu jeder Frage die für dich am stärksten zutreffende Antwort an und zähle schließlich, wie häufig du jedes der vier Symbole angekreuzt hast!

1. Du beobachtest auf der Straße, wie eine ältere Frau mit dem Fahrrad stürzt. Wie verhältst du dich?

♡ Ich leiste erste Hilfe.

▲ Ich reagiere auf Anweisungen von anderen Passanten.

♣ Ich spreche Passanten an und weise diese an, wie zu helfen ist.

♠ Ich rufe den Notarzt.

2. Wie verhältst du dich, wenn du im Supermarkt in einer langen Schlange stehst?

▲ Ich warte geduldig, bis ich an der Reihe bin.

♠ Ich bin total genervt und bitte die Angestellten, eine zweite Kasse zu öffnen.

♣ Ich unterhalte mich in der Zwischenzeit mit der Person hinter mir.

♡ Wenn es mir zu lange geht, stelle ich mich eben an einer anderen Kasse an.

3. Du wirst von jemandem verbal angegriffen. Was tust du?

▲ Ich behalte meinen Ärger für mich und überlege im Stillen, warum derjenige mich angreift.

♠ Ich wehre mich mit einer schlagfertigen Konter-Reaktion.

♡ Ich ignoriere den Angriff einfach, mit solchen Menschen muss ich mich gar nicht erst abgeben.

♣ Ich verhalte mich freundlich und versuche, die Situation sachlich und friedlich zu lösen.

4. Du möchtest mit Freunden in den Urlaub fahren. Welche Rolle übernimmst du bei der Planung?

♣ Ich koordiniere, wer sich um welchen Teil der Planung kümmert und behalte den Überblick.

♡ Ich halte mich bei der Planung zurück, ich bin sowieso gerne bei allem dabei.

▲ Ich halte mich bei der Planung zurück aber übernehme gerne Aufgaben, die mir jemand zuteilt.

♠ Ich übernehme die Planung selbst.

5. Welche Eigenschaften passen am besten zu dir?

♠ zielstrebig und lösungsorientiert

♣ kontaktfreudig und und gesellig

▲ anpassungsfähig und hilfsbereit

♡ diszipliniert und gewissenhaft

6. Du bekommst von deinem Chef ein Projekt zugeteilt, für das du in 3 Tagen Ergebnisse vorlegen sollst. Wie gehst du vor?

♠ Ich bitte um eine Fristverlängerung.

▲ Ich suche nach einem Kollegen, der mich unterstützen kann.

♡ Ich stürze mich in das Projekt und plane genau, wie ich vorgehe, um die Frist einzuhalten.

♣ Ich lasse mir noch einen Tag Zeit und improvisiere dann ein bisschen.

7. Die Steuererklärung steht an. Wie verhältst du dich?

♡ Ich mache die Steuererklärung selbst. Ich informiere mich und erledige alles korrekt und gewissenhaft.

▲ Ich beauftrage einen Steuerberater und bin froh, wenn ich davon meine Ruhe habe.

♣ Ich frage einen Freund, der sich damit auskennt, und wir machen die Steuererklärung zusammen.

♠ Ich beauftrage einen Steuerberater und kontrolliere, dass alles korrekt erledigt wird.

8. Du sollst gemeinsam mit deinem Kollegen eine Präsentation halten. Dein Kollege wird jedoch krank und fällt somit aus. Wie reagierst du?

▲ Ich bitte einen anderen Kollegen, ob er/sie einspringen kann.

♠ Ich besorge mir alle Unterlagen und übernehme eben die komplette Präsentation.

♡ Ich beantrage, dass die Präsentation verschoben wird.

♣ Ich improvisiere den Teil meines Kollegen, und versuche, mit meinem Auftreten und meiner Kreativität zu überzeugen.

9.Welche Rolle übernimmst du in Gruppenarbeiten?

♠ Ich arbeite am liebsten alleine und behalte damit die volle Kontrolle.

♡ Ich erledige die Aufgaben, die mir zugeteilt wurden, gewissenhaft. Ich sage auch gerne mal den anderen, was sie besser machen könnten.

♣ Ich leite den Rest der Gruppe an, koordiniere und verteile die Aufgaben im Team.

▲ Ich bin immer hilfsbereit und passe mich auch gerne an: mir ist wichtig, dass die Gruppe gut harmoniert.

10. Wann fühlst du dich in sozialen Zusammenhängen am wohlsten?

♣ Wenn ich mich viel unterhalten kann.

▲ Wenn ich nicht im Vordergrund stehen muss.

♠ Wenn ich das Wort habe.

♡ Wenn die anderen mir vertraut sind.

11. Welche dieser Aussagen treffen am ehesten auf dich zu?

♠ Ich mag neue Herausforderungen und arbeite zielgerichtet auf ein Ergebnis zu.

♣ Ich arbeite gerne im Team und bringe dabei viel Motivation und meine eigenen Ideen ein.

▲ Bei Streitigkeiten in der Gruppe sorge ich dafür, dass die Harmonie wiederhergestellt wird.

♡ Ich brauche Ordnung und Stabilität in meiner Arbeit.

12. Du sitzt im Restaurant. Wie wählst du dein Essen aus?

♠ Ich wähle gerne neue Gerichte aus und probiere mich auch bei den anderen durch.

♡ Ich habe mich recht schnell entschieden, gehe dann aber trotzdem noch den Rest der Karte durch.

♣ Ich weiß, was ich essen möchte, aber häufig habe ich dann noch Sonderwünsche.

▲ Ich kann mich nicht entscheiden. Weil ich Angst habe, meine Wahl zu bereuen, bestelle ich schließlich, was ich meistens esse.

13. Wie wirkst du auf andere?

♠ Erfolgsorientiert, selbstbewusst, durchsetzungsstark. Manchmal auch egoistisch.

▲ Hilfsbereit, freundlich und gesellig. Auch ein bisschen langweilig.

♡ Diszipliniert, gewissenhaft und korrekt. Manchmal distanziert.

♣ Kreativ, gesellig, offenherzig, aber auch ein wenig chaotisch.

14. Welche der folgenden Aussagen treffen auf dich zu?

♠ Ich mag es nicht, wenn ich selbst keine Kontrolle über die Dinge habe.

▲ Ich bleibe lieber im Hintergrund und überlasse das Sagen den anderen.

♡ Ich bin perfektionistisch und habe hohe Anforderungen an mich selbst.

♣ Ich habe Schwierigkeiten damit, Projekte bis zum Schluss durchzuziehen.

Auswertung

In diesem Abschnitt erfährst du mehr über die Persönlichkeitstypen D – I – S - G. Schreibe vor jeden Typ, wie oft du das jeweilige Symbol angekreuzt hast und du bekommst einen Eindruck davon, wie stark die jeweilige Tendenz in dir ausgeprägt ist.

♠ Der dominante Typ

Dominante Persönlichkeiten sind aktiv, steuern Veränderungen gerne selbst und packen die Dinge tatkräftig an. Kontrolle ist ihnen überaus wichtig. Sie arbeiten zielgerichtet, problemorientiert und möchten möglichst schnell Ergebnisse erreichen. Meist sind sie entscheidungsfreudige und entschlossene Menschen, die außerdem ein starkes Durchsetzungsvermögen besitzen. In Gruppen haben sie für gewöhnlich das Sagen und leiten andere häufig an. Dabei können sie manchmal viel von anderen verlangen, was die Zusammenarbeit mit dominanten Typen gelegentlich anstrengend machen kann. Menschen mit ausgeprägter Dominanz haben zudem Freude an neuen Herausforderungen und zeigen dann viel Eigeninitiative. Sie genießen die Aufmerksamkeit anderer, stehen gerne im Mittelpunkt und strahlen dabei viel Selbstbewusstsein aus. Häufig können Menschen des D-Typs dadurch auch egoistisch wirken. Im beruflichen Umfeld findet man dominante Persönlichkeitstypen oft in Führungspositionen. Im Team fühlen sich diese Menschen eher unwohl, da sie gerne selbst die Kontrolle über ihre Arbeit behalten.

♣ Der initiative Typ

Initiative Menschen arbeiten gerne im Team, wo sie andere mit ihren Ideen begeistern und von ihren Ansichten überzeugen möchten. Sie genießen die Gesellschaft anderer, reden viel und sind meist sehr offen und fröhliche Gemüter. Gruppen bereichern Menschen vom initiativen Typ mit ihrer Begeisterung und Motivation und binden häufig neue Personen mit ein. Dabei stehen sie auch gerne mal im im Mittelpunkt. I-Typen sind spontan und kreativ, häufig haben sie jedoch Probleme mit der Disziplin und mit der Einhaltung von Terminen und Fristen. Sie sind häufig emotionale und impulsive Menschen und handeln dadurch gelegentlich etwas voreilig. Initiative Typen zeichnen sich durch ihren Einfallsreichtum aus und man findet sie oft in Berufen, in denen sie ihre Kreativität und ihre Ideen entfalten können. Dagegen fühlen sich diese Menschen unwohl in beruflichen Umfeldern, in denen sie sehr genau arbeiten müssen oder in denen sie sehr stark kontrolliert werden.

▲ Der stetige Typ

Stetige Menschen zeigen sich meist überaus hilfsbereit anderen gegenüber. Sie arbeiten gerne im Team, halten sich dann aber lieber im Hintergrund. Eine harmonierende Gruppe ist ihnen überaus wichtig und sie übernehmen hier des Öfteren die Funktion des Streitschlichters. Sie haben oft eine sehr freundliche und rücksichtsvolle Art, sind gerne mit anderen Menschen zusammen und werden von anderen für ihr angenehmes Wesen geschätzt. Sie sind in der Regel geduldige Menschen und mögen langandauernde Zusammenarbeiten, die ihnen Sicherheit und Stabilität verleihen. Weil ihnen Harmonie so sehr am Herzen liegt, scheuen sie in der Regel unangenehme Auseinandersetzungen und Diskussionen. Stetige Menschen ziehen es vor, Aufgaben zugeteilt zu bekommen, anstatt selbst Anweisungen erteilen zu müssen. Wegen ihres hilfsbereiten Wesens und ihrer Bereitschaft, Aufgaben zu übernehmen, laufen sie oft Gefahr, von anderen ausgenutzt zu werden. Entscheidungen zu treffen fällt stetigen Typen häufig überaus schwer.

♡ Der gewissenhafte Typ

Menschen mit einer ausgeprägten gewissenhaften Persönlichkeit arbeiten stets sehr ordentlich und korrekt. Die Qualität ihrer Arbeit liegt ihnen sehr am Herzen und sie besitzen dabei ein hohes Maß an Disziplin. Oft sind sie allerdings auch extrem kritisch gegenüber ihrer eigenen Arbeit und der Arbeit anderer. Menschen mit diesen Tendenzen beißen sich gerne in einer bestimmten Aufgabe fest und tüfteln dann mit bemerkenswerter Ausdauer so lange an ihr herum, bis ein zufriedenstellendes Ergebnis vorliegt. Sie sind stark im Planen und gehen beim Lösen von Aufgaben immer sehr strategisch vor. Auf andere wirken Menschen des G-Typs häufig sehr perfektionistisch oder sogar kleinlich. Diese Menschen mögen es außerdem, wenn die Dinge so ablaufen, wie sie es gewohnt sind. Gewissenhafte Typen findet man oft in sachlichen Berufen, bei denen analytisches Denken gefragt ist, sowie Genauigkeit und Disziplin. Im Team zeigen sie meist ein sehr diplomatisches Wesen und erledigen auch hier alle Arbeiten mit größter Sorgfalt.

Selbstreflexion

Auf diesen Seiten findest du Platz für ein paar weitere Notizen, die dir helfen können, dir selbst deiner eigenen Werte, Stärken und Schwächen noch mehr bewusst zu werden. Trage deine Gedanken dazu ein und werfe noch einmal einen Blick auf die Tabelle, die zum Schluss die wesentlichen Merkmale der vier beschriebenen Persönlichkeitstypen auflistet. Erkennst du dich vielleicht hier und da wieder?

Diese Werte sind mir besonders wichtig:

Diese Dinge kennzeichnen mein Verhalten:

Das erwarte ich von anderen:

In diesen Situationen fühle ich mich unwohl:

Am besten arbeite ich in folgendem Umfeld:

Diese Dinge begeistern mich und treiben mich an:

	Dominanter Typ	Initiativer Typ	Gewissenhafter Typ	Stetiger Typ
Tendenzen nach DISG Modell	Extrovertiert & aufgabenorientiert	Extrovertiert & menschenorientiert	Introvertiert & aufgabenorientiert	Introvertiert & menschenorientiert
Verhalten geprägt von	Ergebnisse Herausforderung Akion	Zusammenarbeit Begeisterung Aktion	Genauigkeit Disziplin Stabilität	Unterstützung Zusammenarbeit Harmonie
Stärken	Durchsetzungsstark, selbstbewusst, Führungsqualitäten	Einfallsreich, teamfähig, spontan	Gründlich, korrekt, hohe Qualität der Arbeit	Anpassungsfähig, hilfsbereit
Schwächen	Wenig teamfähig	Ungenau, undiszipliniert	Perfektionistisch, kleinlich	Durchsetzungsschwach

Wir danken Dir für Dein Interesse und Dein Vertrauen. Als Dankeschön dafür, haben wir eine besondere Überraschung. Du möchtest selbstbewusster sein und wahre Selbstliebe leben? Dann haben wir das Richtige für dich. Entdecke deinen persönlichen Selbstliebe und Selbstbewusstseins Coach. Das Beste: Sie erhalten diese vollkommen kostenlos. Das klingt wunderbar? Dann warten Sie nicht lange und holen Sie sich Ihr Gratis-Geschenk.

Hier geht es zu Ihrem Gratis-Geschenk:

https://forms.gle/sGXGTwmR8dUW5UyJA

1. **Öffnen Sie die Kamera-App auf Ihrem Smartphone und richten Sie die Kamera auf den QR-Code.**
2. **Klicken Sie auf den Link, der Ihnen angezeigt wird und schon werden Sie zur Website weitergeleitet.**

Impressum

Herausgeber: Orbita Media Verlag GmbH & Co. KG / Ericusspitze 4 / 20457 Hamburg
Kontakt: kontakt@empireofbooks.de
Website: https://empireofbooks.de
Coverbild: Shutterstock

Haftungsausschluss:
Die Nutzung dieses Buches und die Umsetzung der enthaltenen Informationen, Anleitungen und Strategien erfolgt auf eigenes Risiko. Der Autor kann für etwaige Schäden jeglicher Art aus keinem Rechtsgrund eine Haftung übernehmen. Haftungsansprüche gegen den Autor für Schäden materieller oder ideeller Art, die durch die Nutzung oder Nichtnutzung der Informationen bzw. durch die Nutzung fehlerhafter und/oder unvollständiger Informationen verursacht wurden, sind grundsätzlich ausgeschlossen. Rechts- und Schadenersatzansprüche sind daher ausgeschlossen. Dieses Werk wurde sorgfältig erarbeitet und niedergeschrieben. Der Autor übernimmt jedoch keinerlei Gewähr für die Aktualität, Vollständigkeit und Qualität der Informationen. Druckfehler und Falschinformationen können nicht vollständig ausgeschlossen werden. Es kann keine juristische Verantwortung sowie Haftung in irgendeiner Form für fehlerhafte Angaben vom Autor übernommen werden. Die bereitgestellten Analysen, Vorschläge, Ideen, Meinungen, Kommentare und Texte sind ausschließlich zur Information bestimmt und können ein individuelles Beratungsgespräch nicht ersetzen. Alle Informationen dieses Buches entsprechen dem Kenntnisstand zum Zeitpunkt des Verfassens dieses Buches. Eine Haftung für mittelbare und unmittelbare Folgen aus den Informationen dieses Buches ist somit ausgeschlossen.
Informieren Sie sich weitläufig aus unterschiedlichen Quellen und bedenken Sie, dass am Ende nur Sie für die Entscheidungen verantwortlich sind.

Haftung für externe Links:
Unser Angebot enthält Links zu externen Websites Dritter, auf deren Inhalte wir keinen Einfluss haben. Deshalb können wir für diese fremden Inhalte auch keine Gewähr übernehmen. Für die Inhalte der verlinkten Seiten ist stets der jeweilige Anbieter oder Betreiber der Seiten verantwortlich. Die verlinkten Seiten wurden zum Zeitpunkt der Verlinkung auf mögliche Rechtsverstöße überprüft. Rechtswidrige Inhalte waren zum Zeit-punkt der Verlinkung nicht erkennbar.